神と人間のドラマ

創世記25〜36章による説教

松本敏之［著］
Matsumoto Toshiyuki

キリスト新聞社

神と人間のドラマ　創世記二五～三六章による説教◉目次

目　次

＊本文中の聖書引用は日本聖書協会『聖書　新共同訳』による。
＊聖書引用箇所を示す（　）内に書名がないものは、創世記からの引用である。

1 逆転

創世記二五章一九～三四節
マタイによる福音書二〇章一五～一六節

創世記の中のヤコブ物語

私は、この四月に鹿児島加治屋町教会の牧師に就任しましたが、これから月に一度くらいのペースで、創世記による説教を行いたいと思います。一～二五章前半については、すでに『神の美しい世界』、『神に導かれる人生』という二冊の書物にまとめましたので、ここでは二五章後半のいわゆる「ヤコブ物語」から読み始めることにします。

ヤコブ物語の特徴を言えば、それまでのアブラハム物語と比べると、統一的なストーリーがあり、物語全体としてのメッセージがあります。逆に言えば、細かく区切って読んでいくと、その箇所固有のメッセージを語るのがなかなか難しいのですが、とにかく区切りながら読んでいきましょう。

アブラハム物語は、神に対する信仰、神からの約束、神との契約という「垂直」の問題、あるいは祝福の継承という世代間の関係、後継ぎの確保といった「縦軸」の問題が大きなテーマでした。それに対してヤコブ物語は、同世代の中で争う、いわば「水平」の問題、あるいは「横軸」の問題に関心が強いようです。ヤコブとエサウの争い、ヤコブと伯父ラバンとの駆け引き、そしてやがて妻となるレアとラケルという姉妹の関係もあります。アブラハムの物語に比べて、非常に人間くさい、いわば俗っぽい物語です。人間味がぷんぷんしている。このことも、話としては面白いのですが、前述のようにみ言葉としてメッセージを聞きとるのが難しいという面もあります。

不妊から出産へ

さて物語の初めに、「イサクの系図」が置かれています。これは、この直前のところで（二五・一二〜一六）、アブラハムの一人目の息子イシュマエルの系図を語ったことを受けているのでしょう。

アブラハムの息子イサクの系図は次のとおりである。アブラハムにはイサクが生まれた。イサクは、リベカと結婚したとき四十歳であった。リベカは、パダン・アラムのアラム人ベトエルの娘で、アラム人ラバンの妹であった。イサクは、妻に子供ができなかったので、妻のために主に祈った。その祈りは主に聞き入れられ、妻リベカは身ごもった。

（二五・一九〜二一）

アブラハムとサラがそうであったように（一一・三〇参照）、イサクとリベカについても、「不妊」ということからドラマは始まります。まさにこの人こそアブラハムの約束を受け継ぐのにふさわしい女性として、遠くふるさとのパダン・アラムから連れて来られたリベカでしたが、肝心のその祝福を受け継ぐべき子どもが与えられないまま、時を過ごすことになりました。イサクはリベカのために祈り、その祈りを主が聞かれて、リベカは双子の子どもを授かります。「リベカが二人を産んだとき、イサクは六十歳であった」（二五・二六）と記されていますので、このイサクとリベカ夫婦は、約二〇年間、子どもを待ち続けた、ということになります。

子どもを授かるのは当たり前ではなく、神がかかわられることなのだと両親に悟らせ、その子が神の祝福を担う大切な器となると示されたのでしょう。命の主は、神なのです。私たちの命もそうです。私たちがこの世に生まれてきたのは偶然ではなく、親が勝手に決めたのでもなく、最初に神様のみ心があった。神様のみ心のない命というものは存在しません。

医学が発達した現代においては、一昔前であれば死なざるを得なかった子どもも、生まれて育つようになってきていますが、中には重い障がいを伴う場合もあります。今日私たちは、命の意味、尊厳、貴さについて、過去のどの時代よりも鋭い形で問われているると言えるでしょう。そういうこと、私たちの命に尊厳があるということは、科学では答えは出てきません。特に生命科学が発達した中でこそ、生命倫理、命についての深い考察が問われてくるのではないでしょうか。聖書は、どんな人であろうと、どんな子どもであろうと、その命の初めには神様のみ心があると告げるのです。

み心を尋ねるリベカ

授かった双子はリベカのおなかの中ですでに争いを始めていたというのです。

ところが、胎内で子供たちが押し合うので、リベカは、「これでは、わたしはどうなるのでしょう」と言って、主の御心を尋ねるために出かけた。　（二五・二二）

ここで、リベカ自身が「主の御心を尋ねるために出かけた」というのは印象的です。こうしたことはアブラハムとサラの間にはありませんでした。サラの女奴隷ハガルの場合には荒れ野で直接、神（あるいは主のみ使い）がハガルに呼びかけ、ハガルがそれに答えるということがありました（一六・八～九、二一・一七～一八参照）。しかしここではそれさえも超えて、リベカ自身がわざわざみ心を尋ねるために、出かけて行くのです。女性としてイサクとは共有できない悩みであったからこそ、自らみ心を尋ねにいったのかもしれません。自立した女性のあり方として、これまでより一歩進み出た記述と言えるでしょう。後述するように、神に祈った結果与えられる子どもが双子であり、しかも相争う者となるということですから、リベカは母親としての苦労を予感し、さらに祈りに導かれたであろうと察します。

後にいる者が先になる

「二つの国民があなたの胎内に宿っており
二つの民があなたの腹の内で分かれ争っている。
一つの民が他の民より強くなり

兄が弟に仕えるようになる。」（二五・二三）

リベカはそのように聞きました。この言葉をどう受け止めればよいのか、複雑な面もありますが、ここでは単純に、この世的に優先権をもつ順序（生まれ合わせ）が、必ずしもそのままずっと続くわけではないということを聞きとりたいと思います。逆に言えば、優先権をもたない者がそのままで終わるわけでもない、ということです。逆転が起こるのです。聖書は、たくさんの逆転について語っています。

これまでの創世記の物語で言えば、四章のカインとアベルの兄弟がすでにそうでありました。聖書における「弟」というのは、自分自身の側には何も権利をもたないものと言えるでしょう。それは「寡婦」「孤児」「寄留者」にもあてはまるでしょう（申命記一〇・一八等）。新約聖書では、「徴税人」や「娼婦」「罪人」を数えることができるでしょう。「はっきり言っておく。徴税人や娼婦たちの方が、あなたたちより先に神の国に入るだろう」（マタイ二一・三一）と語られます。

マリアの賛歌にも「主はその腕で力を振るい、思い上がる者を打ち散らし、権力ある者をその座から引き降ろし、身分の低い者を高く上げ、飢えた人を良い物で満たし、富める者を空腹のまま追い返されます」（ルカ一・五一～五三）とあります。

そういう逆転について聖書は語るのです。「後にいる者が先になり、先にいる者が後になる」（マタイ二〇・一六）のです。

この逆転は必ずしも信仰のゆえにということでもありません。ここでは、ヤコブのほうが倫理的、信仰的に優れていたために、逆に言えばエサウに何か問題があったために、劣っていたために、逆転が起きたとは語っていません。神がそのように定めておられるとしか言いようのない、私たちの目には隠されたことがあると、思わざるを得ません。「こうしてエサウは、長子の権利を軽んじた」（二五・三四）とあります。これがエサウの非と言えば非なのかもしれませんが、それを利用するヤコブのほうがもっとひどいという気もします。

またこの逆転は、一回限りのことではないということも踏まえておく必要があります。特にクリスチャンは、注意しなければならないでしょう。たとえば、イエス・キリストを受け入れないユダヤ人に対してクリスチャンは優越意識をもちがちですが、パウロは「兄弟たち、自分を賢い者とうぬぼれないように、次のような秘められた計画をぜひ知ってもらいたい」（ローマ一一・二五）と戒めています（ローマ九～一一章参照）。

名前

さて、この双子の名前についてですが、兄のほうは、「赤くて、全身が毛皮の衣のようであった」ので、エサウ（毛深い）と名付けられました（二五・二五）。またエサウはエドム人の祖となったとされますが、それが「赤い」（アドム）と語呂合わせに、また彼らの土地となったセイルが「毛皮」（セアル）と語呂合わせになっています。「赤いもの」（アドム）というのは三〇節にも出てきます。

一方、弟については、こう記されます。「その後で弟が出てきたが、その手がエサウのかかと（アケブ）をつかんでいたので、ヤコブと名付けた」（二五・二六）。

ヤコブという名前について、後にエサウは、「彼をヤコブとは、よくも名付けたものだ。これで二度も、わたしの足を引っ張り（アーカブ）欺いた」（二七・三六）と言うことになります。当のヤコブにとっても、あまりうれしくない名前であったことでしょう。ずっと先ですが、やがて彼はその名前のコンプレックスから解放されることになります（三二・二八～二九）。ただしヤコブという名前には、「神は守ってくださるように」という肯定的な意味もあったようです。

さて、この双子の兄弟は、やがて成長し、エサウは巧みな狩人、野の人となりました。ヤコブは穏やかな人で天幕の周りで働く人となりました（二五・二七）。少し前に流行った言葉で言えば、エサウは「肉食系男子」、ヤコブは「草食系男子」という感じでしょうか。ある日のこと、ヤコブが煮物をしていると、エサウが疲れきって野原から帰ってきました。そして「おなかがペコペコだ、何か食わしてくれ」と頼みます。ヤコブのほうはなかなかずる賢い。「まず、お兄さんの長子の権利を譲ってください」と言います。エサウは「ああ、もう死にそうだ。長子の権利などどうでもよい」と言って、煮物のほうを選ぶのです。ヤコブは「では、今すぐ誓ってください」と言います。入念です。そしてエサウが誓うと、ヤコブはエサウにパンとレンズ豆の煮物を与えました。

選び

しかしどうも、この世的な考えに慣れた私たちには、まだしっくりこないことがあります。それは、私たちの世界には、神様のご用を果たすために、特別に選ばれる人がいるということです。えこひいきではないのか。まずアブラハムがそうでした。モーセも、サムエルも、ダビデもそうでしょう。預言者たち、イザヤ、エレミヤ、みんなそうです。

新約聖書で言えば、洗礼者ヨハネ、弟子たち、そして使徒パウロ。それぞれに神様から特別に選ばれた人々でした。パウロはこう言っています。

しかし、わたしを母の胎内にあるときから選び分け、恵みによって召し出してくださった神が……。（ガラテヤ一・一五）

パウロは、神は自分が生まれる前から選んで、恵みによって召し出してくださったと語ります。その行いがよかったから、というのではありません。

ヤコブもそういう系譜に連なる一人です。ヤコブもなぜかはわからないけれども、神様のご用を果たすために召された人物です。それはヤコブがエサウよりも優れているということではありません。どちらかと言えば、エサウのほうが好人物のように思えます。しかし神様は不思議なことに、このヤコブを選ばれるのです。どうしてかわからない。物語はヤコブを中心に、進んでいきます。ただし一つ言えることは、ヤコブはそのままで受け入れられたわけではありませんでした。これから先、誰よりも大きな苦労をさせられ、人間として鍛えられ、練り上げられていくことになります。

またこの「選び」は、この世的な意味で「得をする」というようなことでもありません。むしろ誰よりも大変なことを背負わされる場合もあります。人目には、神から見放されたとしか思えない形を通して、神様はその人を選ばれるということもあります。他でもないイエス・キリストご自身がまさにそのような人でした。イエス・キリストは選ばれた人であると同時に捨てられた人でした（ガラテヤ三・一三参照）。この逆説の中に、選びということの奥義があるのではないかと思います。

賜 物

特別な選びということではなくても、小さな私たちもそのようにして神様のご用を果たすために選ばれ、この世に派遣されています。自分に与えられた賜物を通して神様に仕えていく。それが私たちの人生の意義であろうと思います。その賜物は、ひとりひとりみんな違った形で与えられています。私たちはそれを自分の人生を飾るために用いるのか、それとも神様のご用のために用いるのか。そのことによって生き方が変わってくるのではないでしょうか。

あなたがたはそれぞれ、賜物を授かっているのですから、神のさまざまな恵みの善い管理者として、その賜物を生かして互いに仕えなさい。……それは、すべてのことにおいて、イエス・キリストを通して、神が栄光をお受けになるためです。

（第一ペトロ四・一〇～一一）

選びについて語るときに、滅びに定められている人もいるのではないかという疑問をもち、不安になる人があるかもしれませんが、私は滅びに定められている人はいないと思います。しかしそれでも不安な人があるとすれば、その滅びはすべてイエス・キリストが引き受けてくださっているということを、心に留めていただきたいと思います。そのイエス・キリストがおられる限り、そのよき意志を信じて、前を向き、上を向いて生きていくことができるのではないでしょうか。

（二〇一五年四月一九日）

2 柔和

創世記二六章一～三五節
マタイによる福音書五章五、九節

影の薄い存在、イサク

創世記はアブラハムとヤコブ、そしてその息子のヨセフについては多くの物語を記していますが、イサクについてはこの二六章がほとんど唯一の物語です。その他のところにもイサクは登場しますが、いつも二次的な役割です。父アブラハムの息子としてのイサク、ヤコブとエサウの父としてのイサク、リベカの夫としてのイサクという具合です。イサクは、アブラハムからヨセフにいたる、いわゆる族長物語の中でも、おもしろみのないキャラクターであるかもしれません。父親のアブラハムは、ただ神の命令に促されて出発し、信仰の生涯を貫いた人でした。イサクの双子の息子であるエサウもヤコブも、対立する強烈な個性をそれぞれにもっています。イサクの妻であったリベカもまた個性があります。強い女という感じがします。こういう人々に取り囲まれて、イサクはその中でどちらかと言えば、影の薄い存在です。二代目的人物の典型です。お人よしで、温和な人物です。妻や息子にさえ、いいようにだまされる。しかしこのようなイサクを通しても、いやこういうイサクであるからこそ、聞こえてくる福音があると思います。

アブラハムのゆえに

アブラハムの時代にあった飢饉とは別に、この地方にまた飢饉があったので、イサクはゲラルにいるペリシテ人の王アビメレクのところへ行った。（二六・一）

イサクもアブラハムと同じように飢饉に遭い、アブラハムと同じように、エジプトに逃れようとするのですが（一二章後半参照）、イサクの場合には、神様が事前にそれを妨げられました。

「エジプトへ下って行ってはならない。わたしが命じる土地に滞在しなさい。あなたがこの土地に寄留するならば、わたしはあなたと共にいてあなたを祝福し、これらの土地をすべてあなたとその子孫に与え、あなたの父アブラハムに誓ったわたしの誓いを成就する。わたしはあなたの子孫を天の星のように増やし、これらの土地をすべてあなたの子孫に与える。……アブラハムがわたしの声に聞き従い、わたしの戒めや命令、掟や教えを守ったからである。」

（二六・二～五）

イサクは祝福を受けることにおいても、偉大な父親の影を引きずっています。あなたの父アブラハムに約束したから、あなたを祝福する。あなたの父アブラハムが私に従ったから、あなたを祝福する。そう何度も言われて、イサクは父親コンプレックスをもっていたかもしれません。

子どもが成長するとき、特に男の子にとって、父親というのはどこかで乗り越えていかなければならない存在でしょう。それは父親よりも偉くなるということではなく、そのようにして自分のアイデンティティー（自分が他の誰でもなく自分自身であること）を確立していくのです。そうした時に父親が大きな存在であればあるほど、その影も大きい。イサクも偉大な父親をもって、そこから抜け出るのに、人一倍の苦労をしたのではないかと思います。

イサクには、この神様の声の中の「アブラハムのゆえに」という言葉が大きく聞こえたことでしょう。しかしこの中で一番大切な言葉は、「わたしはあなたと共にいてあなたを祝福する」（二六・三）という言葉です。二四節にもう一度、神様の言葉が出てきますが、ここでも最も大切なことは「わが僕アブラハムのゆえに」ではなく、「わたしはあなたと共にいる。わたしはあなたを祝福する」という言葉です。

信仰というものは、財産や土地のように親から子へと相続することはできません。どんなに信仰深い環境の中で育っても、最後にはひとりひとりが神様と出会うしかないものです。これは、親が信仰をもっていない人の場合も同じです。私たちの信仰は、「誰かのおかげ」です。それは友人かもしれないし、教会の牧師かもしれない。子どもかもしれない。しかしそうした経験を経ながら、信仰は神様から新しく奇跡としていただくものなのです。

イサクの場合にも、彼が祝福されたのは、確かに父アブラハムのゆえでありますが、彼自身がそれを乗り越えて、神から直接、「わたしはあなたを祝福する」という言葉を聞く必要があったのです。

祝福されたイサク

イサクはエジプトへは行かず、ゲラルに留まりましたが、そこで彼は父アブラハムと同じ過ちを犯します。妻（彼の場合にはリベカ）があまりにも美しかったので、そのために自分が殺されることを恐れて、妻を妹だと偽るのです。このモチーフは、一二章と二〇章にも出てきました。

ここでも、神はことが重大になる前に介入してストップされます。そしてかえってゲラルの王であるアビメレクを通して、イサクとリベカは保護されるのです。

「この人、またはその妻に危害を加える者は、必ず死刑に処せられる。」（二六・一一）

イサクはこうした出来事を通して、「神様が共にいて、守ってくださる。そして祝福してくださる」ということを実感していったことでしょう。一二節以下を見ますと、この後祝福が非常に大きくなったことが記されています。

しかし物語はそれでハッピーエンドにはなりません。それは私たちの人生と同じです。連鎖的に次のステップへとつながっています。人間というのは事柄がうまく運んだり、成功したりすると、あたかも自分が偉くなったかのように錯覚して、かえってダメになってしまうことがしばしばあります。例えば、実力が伴っていない芸術家がマスコミからもち上げられると、それがかえってその人の才能をつぶしてしまうということをよく聞きます。この時のイサクにも多分にその可能性がありました。ゲラルの王から保護されて（同時に神様の守りを受けて）、丁重に扱われ、しかも一年のうちに大資産家になる。父親も偉大な人物である。どんどん高慢になっていく条件がそろっています。

意地悪をされても

しかし神様は、イサクが高慢にならないように、新たな試練を用意しておられました。彼はアブラハムほど偉大な人物ではなかったかもしれませんが、彼の受けた試練、誘惑は決して小さくはありませんでした。

まず人々のねたみを買うのです。「井戸をめぐる争い」という部分です（二六・一五～二五）。その土地の人々、ペリシテ人たちは、イサクの最大の弱点をねらいました。水を抑えるという仕方で、彼に自分が何者であるか、つまり寄留者であるということを思い知らせようとしました。

ペリシテ人は、昔、イサクの父アブラハムが僕たちに掘らせた井戸をことごとくふ

さぎ、土で埋めた。（二六・一五）

徹底的な意地悪をされたのです。彼らにしてみれば、自分たちが受けるべき祝福を全部イサクに持っていかれているという思いがあったのでしょう。しかしここでイサクは争わないのです。埋められてはまた別の井戸を掘り返す。神がまたそこを祝福する。またその井戸も埋められるということを繰り返します。「売られたケンカは買う」という判断をしてもおかしくない場面ですが、それをしません。表向きは意気地なしのように見えますが、そこには信仰と忍耐があったのでしょう。そしてアビメレクをして次のように言わせるのです。

「あなたは我々と比べてあまりに強くなった。どうか、ここから出て行っていただきたい。」（二六・一六）

ここでもイサクは争わずに、その提案を受け入れて出ていくのです。ゲラルの谷に天幕を張って住みました。テント生活です。そこにもアブラハム時代に掘られた井戸がいくつかありましたが、それらは埋められてしまっていました。イサクはそれらの井戸を掘り直し、父が付けたとおりの名前を付けました（二六・一八）。そういうことがいつまでも続くので、ゲラルの人たちは別の戦法に出ます。井戸を埋めてしまうのではなく、その井戸を取り上げるのです。イサクの僕たちが掘った井戸からは水が豊かに湧き出るので、もったいないと思ったのかもしれません。イサクはその井戸を「エセク（争い）」と名付けました。しかし彼のほうは争おうとはせず、もう一つ別の井戸を掘ります。そこでも争いが生じたので、今度は「シトナ（敵意）」と名付けました。仕方なくそこも去り、別の広い場所に井戸を掘りました。そこではもはや争いは起こりませんでした。徹底して譲歩し、退いていくのです。そして最後に到達したのは、ベエル・シェバというところでした（ヘブロンの南西約四五キロメートル）。

和平を申し出るアビメレク

さて最後の段落ですが、とうとうアビメレクのほうが参謀と軍隊の長と共にイサクのところへやってきて和平を申し入れるのです。イサクは言いました。

「あなたたちは、わたしを憎んで追い出したのに、なぜここに来たのですか。」

彼らは答えます。

「主があなたと共におられることがよく分かったからです。そこで考えたのですが、我々はお互いに、つまり、我々とあなたとの間で誓約を交わし、あなたと契約を結びたいのです。以前、我々はあなたに何ら危害を加えず、むしろあなたのためになるよう計り、あなたを無事に送り出しました。そのようにあなたも、我々にいかなる害も与えないでください。あなたは確かに、主に祝福された方です。」

（二六・二八〜二九）

（二六・二七）

イサクは、これまで一度も危害を加えようとしたことがないにもかかわらず、「敵に回すとこわい」と恐れられたのです。そしてイサクは、彼らのために祝宴を催し、共に飲み食いいたしました。翌朝、互いに誓いを交わした後、イサクは彼らを送り出し、彼らは安らかに去っていきました。

徹底した平和主義

さて、イサクという人物像に改めて注目したいと思います。私は、イサクは影の薄い人だと申し上げましたが、考えてみれば、これはこれで、かなり強い個性ではないかという気がします。徹底した平和主義です。自衛すらしていない。神が守ってくださるという信仰があったからではないでしょうか。あるいは、そのような経験をしながら、イサクの生まれつきの控えめな性格は、信仰を内に秘めた「柔和さ」へと練り上げられていったのではないでしょうか。ペリシテ人は、イサクのものを力で奪おうとしましたが、イサクはこれと争わず、徹底して与え、譲歩し、後退する。最後には、相手のほうから和平を申し出てくるのです。

これは、イエス・キリストの「柔和な人々は幸いである。その人たちは地を受け継ぐ」という言葉を思い起こさせるものだと思います。矢内原忠雄も、『聖書講義／創世記』の中で、次のように語っています（一六九頁）。

「柔和なる者は地を嗣ぐ」、というイエスの言を、文字通りに証明した者はイサクである。少年の時、己を焚《や》くべき薪を背負い、父に伴われて黙々とモリヤの山に登って行った彼の姿に、十字架を負うてゴルゴタの丘に登り給うたイエスの予表がある。実に「屠場にひかるる羔羊《こひつじ》の如く、毛をきる者の前にもだす羊の如く」（イザヤ書五三の七）という預言を彷彿せしめる者は、イエスを別としてはわがイサクである。イサクは英邁でなかった。手腕に乏しくあった。彼は平凡な人であった。併し彼の従順にして柔和であり、己が利を争わざる無抵抗の信仰態度は、やはり旧約一等星の一つたるを失わない。少くとも私はイサクの柔和と平凡とを愛し、彼の信仰生涯に言い難き親しみを感ずる者である。

（原文は旧仮名遣い）

矢内原忠雄は、長男に「伊作」と名付けましたが、そこにはこのような思いがあったのかと思いました。

試練に磨かれた徳

ローマの信徒への手紙の中に、「苦難は忍耐を、忍耐は練達を、練達は希望を生む」（ローマ五・三～四）という言葉があります。「練達」という言葉はわかりにくい言葉です。

口語訳聖書でも「練達」でしたし、もっとさかのぼれば、文語訳聖書でも「練達」でしたが、どうも私にはぴんと来ません。「練達」という言葉は、修業や経験を積むことによって熟練していくことを思い浮かべてしまいます。しかしこの言葉（元のギリシア語はドキメー）で、パウロが言おうとしていたものは、修業や経験で到達するようなものではなかったでしょう。迫害や苦難に出遭っても、自暴自棄になったりするのではなく、かと言ってやり返すのでもなく、信仰により耐え抜くことによって与えられる賜物です。フランシスコ会訳聖書では「試練に磨かれた徳」と訳されていました。美しい訳であると思います。何か真珠貝が苦しみながら美しい真珠を生み出していく姿を思い浮かべます。「神に嘉《よみ》せられる品性」（柳生直行訳）という訳もありました。

イサクの柔和な性格も、そのようにして信仰によって与えられた賜物ではなかったでしょうか。どんなに迫害されても、意地悪されても忍耐し、その忍耐が柔和さという徳を生み出し、イサクの個性になっていったのではないかと思うのです。それは矢内原忠雄が言うように、イエス・キリストの「柔和な人々は幸いである。その人たちは地を受け継ぐ」という言葉を証しした姿であり、さらに「平和を実現する人々は幸いである。その人々は神の子と呼ばれる」という言葉をも指し示していると思います。

（二〇一五年五月三日）

3　計画

創世記二七章一～三三節
ヨハネによる福音書一一章四九～五一節

イサクとエサウ

創世記二七章は全体が五つの場面からなるサスペンス・ドラマのようです。今日は、その前半（第四場の途中まで）をたどりながら、み言葉を聞きたいと思います。

まず、第一場は一～四節。登場人物はイサクとその長男エサウです。アブラハムの息子であるイサクも年をとって、目がかすんできました。彼自身、自分ももう先が長くないであろうということがわかっています。そこで長男であるエサウを呼んで、最後の祝福を与えようとしました。これはひとつの儀式のようなものであったのでしょう。イサクはエサウに「今すぐに狩りをして獲物を取って来て、それでおいしい料理を作ってくれ。死ぬ前にそれを食べて、わたし自身の祝福をお前に与えたい」と言いました。それに応えてエサウは野に出ていきます。

リベカとヤコブ

第二場は五～一七節。登場人物は、イサクの妻リベカと次男のヤコブです。リベカは先ほどのイサクとエサウの話を盗み聞きしました。彼女は長男エサウをあまり好きではありません。二七章の始まる直前のところに、こういう言葉がありました。

エサウは四十歳のときヘト人ベエリの娘ユディトとヘト人エロンの娘バセマトを妻として迎えた。彼女たちは、イサクとリベカにとって悩みの種となった。
（二六・三四～三五）

恐らく、イサクと嫁たちとの関係よりも、リベカと嫁たちの関係のほうが難しかったのでしょう。イサクの悩みは、むしろその調停であったのではないかと思います。現地出身の嫁たちと、家系の伝統を守っていくためにわざわざ遠い所から連れて来られた妻（花嫁移民）のリベカ（松本敏之『神に導かれる人生』二三九～二四〇頁参照）。何をするにも、衝突したのではないでしょうか。リベカは強いタイプの女性です。一方、イサクは、柔和で、自分の意見を強く主張することはせず、相手の言うことを全面的に受け入れるようなタイプです（二六章参照）。家庭内では、このリベカがかなりの発言権、いや実質的決定権をもっていたのではないかと想像します。

この日、エサウを祝福するにあたっても、リベカに相談しなかったのは、もしかすると、イサクはリベカに相談すれば、「ヤコブを祝福してください」と押し切られてしまうと思ったのかもしれません。「自分はエサウを祝福してやりたい」。ところがリベカは、ちゃんと話を聞いているのです。こういうのを「地獄耳」と言います。夫の様子から、いつもと違う何かを感じたのでしょうか。「何かあやしい臭いがする。何かある」。鋭い勘です。いやもしかすると、夫が何を言うか、いつも聞いていたのかもしれません。

さあ大変です。「お父さんがわたしのきらいなエサウを祝福しようとしている」。急いで、ヤコブを呼んで言いました。

「お前がその前にお父さんのところへ行って、お前が祝福してもらうのです」。

おろおろするヤコブを目の前にして、母リベカは言います。「心配しなくてもいいのよ。お前は何もかもお母さんの言うとおりにすればいいの。わたしが、お父さんの好きなおいしい料理を作ってあげましょう。わたしはお父さんの好みの味をよく知っているんだから」。

それでもまだヤコブは不安です。「でも、エサウ兄さんはとても毛深いのに、わたしの肌は滑らかです。お父さんがわたしに触れれば、ばれてしまいます。そうすれば、わたしは祝福どころか、呪いを受けてしまいます」。「そのときには、あなたに代わって、わたしが呪いを受けてあげるわ。お母さんがついている。堂々とやりなさい」。すごい女性ですね。こういう母と子の関係は、時々あります。マザコンと言います。

イサクとヤコブ

第三場は一八～二九節。登場人物はイサクとヤコブです。ヤコブは母リベカに言われたとおり、料理を持ってイサクのところへ来ました。「わたしのお父さん」。これはまだ嘘ではありません。

次の瞬間、イサクが言いました。「わたしはここにいる。誰だ、お前は」。ヤコブはどきっとしたに違いありません。しかし父をだまして、こう言いました。「長男のエサウです。お父さんの言われたとおりにしてきました」。イサクはまた言いました。「わたしの子よ、どうしてまた、こんなに早くしとめられたのか」(二七・二〇)。

ここでまたどきっとします。しかし今度は神様をもち出して言うのです。「あなたの神、主がわたしのために計らってくださったからです」(二七・二〇)。

欺瞞に満ちた言葉です。しかも、そこに神の名(主=ヤハウェ)をもち出すとは！ イサクは、この答えをまだ全面的に信用してはいません。「近寄りなさい。わたしの子に触って、本当にお前が息子のエサウかどうか、確かめたい」(二七・二一)。ヤコブは三度目、どきっとしたことでしょう。ヤコブは進み出ました。

ヤコブは母リベカの知恵による「毛皮作戦」(二七・一六)で、無事にこの三つ目の関門もパスするのです。「声はヤコブの声だが、腕はエサウの腕だ」(二七・二二)。

動物の毛皮と人間の毛深い腕の違いもわからないというのは、イサクはもうろくしていたか、よほどのお人好しなのか。まんまとだまされるのです。

ヤコブは問いかけます。「お前は本当にわたしの子エサウなのだな」(二七・二四)。だまそうとしている人間に向かって、いくら聞いても「そうです」と言うのに決まっています。ヤコブは答えました。「もちろんです」。そうすると、「近寄ってわたしにキスをするように」と言います。四度目、ヤコブはどきっとしたことでしょう。彼は、もうこれでだめだと思ったかもしれません。しかし父親はそれでも別人だと気づかないのです。

そしてイサクは差し出された料理を食べて、祝福します。

「ああ、わたしの子の香りは
主が祝福された野の香りのようだ。
どうか、神が
天の露と地の産み出す豊かなもの
穀物とぶどう酒を
お前に与えてくださるように……。」
（二七・二七〜二八）

再びイサクとエサウ

第四場は三〇〜四〇節ですが、今日は三三節まで、としました。登場人物は第一場と同じイサクとエサウです。ヤコブと入れ違いにエサウが入ってきました。もしも第二場と第三場がなければ、これが第二場となるはずでした。エサウは言います。「ただ今。お父さんの好きな料理を作ってきました。さあ食べてください。そしてわたしを祝福してください」。イサクはまだきょとんとしています。「お前は誰なのか」。「お父さん、何を寝ぼけたことを言っているのですか。わたしですよ、わたし。あなたの息子エサウです」。

この瞬間にイサクはだまされたと悟り、体を震わせて言いました。「では、あれは、一体誰だったのだ。さっき獲物を取ってわたしのところに持って来たのは。実は、お前が来る前にわたしはみんな食べて、彼を祝福してしまった。だから、彼が祝福されたものになっている」（二七・三三）。

エサウは、その後、怒り狂うのですが、「もう手遅れ」ということになります。

人の思惑と神の計画

さてこの物語は一体私たちに何を告げようとしているのでしょうか。私たちは何を聞きとればよいのでしょうか。はたしてメッセージを聞くことができるのでしょうか。ここに記されていることは、よくわかる話です。私たちの世界でもしばしば起きていることです。結局、正直な人間がだまされてずる賢い人間が得をして祝福を受ける。「聖書は、そうではない」と言って欲しいと思うのですが、聖書の中でも、この世でのことと同じことが起きている。

ただ、ずる賢い人間が結局は得をするのだとか、祝福を得るためには、少々ずるいことをしてもいいとかいうふうに読まないほうがよいでしょう。人をだまして、人を出し抜いていこうとすること、それは罪です。

しかし神様の計画は、私たちの罪の現実を貫いて、それを用いながら進行していくのです。少なくとも神様が知らないまま、ことが進んでいくことはありません。

イサクがヤコブに「どうしてこんなに早くしとめられたのか」と問うたのに対し、ヤコブは「あなたの神、主がわたしのために計らってくださったからです」(二七・二〇)と答えました。

よくも抜け抜けと言えたものだと思います。しかし不思議なことに、神を冒瀆し、父を欺くこのヤコブの言葉が、ヤコブの意図を超えたところで、真理を指し示しています。そこには、ヤコブですら気づいていない「神の計らい」「神の計画」が確かにあったのです。もちろん、だからと言って、私たちが自分の悪い行動を正当化できないのは言うまでもないことでしょう。

イエス・キリストが十字架にかけられたことにも人間の思惑がありました。イエス・キリストがラザロを復活させるなど、多くのしるし(奇跡)を行っていたとき、祭司長たちファリサイ派の人々は「このままにしておけば、皆が彼を信じるようになる。そして、ローマ人が来て、我々の神殿も国民も滅ぼしてしまうだろう」(ヨハネ一一・四八)と不安になりました。その時、大祭司カイアファが、こう言うのです。「あなたがたは何も分かっていない。一人の人間が民の代わりに死に、国民全体が滅びないで済む方が、あなたがたに好都合だとは考えないのか」(ヨハネ一一・四九～五〇)。何が正しいかではなく、何が好都合かということです。しかしそのような人間的な思惑を超えて、神の計画が進み、み旨が成就していくのです。

リベカはヤコブに代わって、自分が呪いを受けてもいいと言いましたが(二七・一三)、イエス・キリストは、実際に私たちの呪いを一身に受けて十字架にかかられます。

キリストは、わたしたちのために呪いとなって、わたしたちを律法の呪いから贖い出してくださいました。「木にかけられた者は皆呪われている」と書いてあるからです。(ガラテヤ三・一三)

神の介入を悟るイサク

イサクは自分がだまされたときに、激しく体を震わせて、こう言いました。「では、あれは、一体誰だったのだ」（二七・三三）。

この時、イサクが激しく体を震わせたのは、何に対してであったのでしょうか。ヤコブとリベカにだまされたことに対してでしょうか。それもあったでしょう。しかしそれを超えたところで、イサクは、このとき、神が介入されたこと、人間の思いを超えた力が働いたことを悟ったのではないでしょうか。

リュティという人は、このところの説教を、次のような言葉で始めています。

「イサクは激しくふるえて言った」（口語訳三三節）。このまことに惨憺たる一章のなかにも光の差しこんでくる個所があると言ったならば、変に思われるかもしれません。そして、さらに、イサクの「激しいふるえ」のようなものを、この朝のひととき、われわれもまたわが身の上に経験したい、そうするならば、きっと、きょうは祝福に満ちた日曜日になるだろうなどと言ったならば、いよいよ変に思われるかもしれません。けれども、救いに至らせるおそれというものがあるのであり、それもまた神の贈り物なのです。しかも、決して些細な贈り物ではないのです。

（リュティ『ヤコブ』八二～八三頁）

エサウが怒りに打ち震え、ヤコブとリベカがしめしめと思っている、まさにその瞬間に、ただ一人イサクは聖なるものに触れているのです。

牧師就任式

今日の午後、鹿児島加治屋町教会の牧師就任式が行われます。ここに至るまでには多くの方々の祈りと努力がありました。特に招聘委員の方々の熱心な祈りと「説得」があってこそ、実現したと思います。

鹿児島加治屋町教会の招聘委員の方々も、いろいろとお考えになり、何人かの方々に相談もなさって、私に声をおかけくださったことと察します。それはどの招聘人事においてもそうです。間で神学校や牧師会や教区などが紹介することもありますが、基本的には同じです。

招聘を受ける牧師の側でも、それが神のみ心かどうか祈って判断します。牧師にもさまざまな人間的な思いがあるものです。私も、最初に招聘についてのお手紙を受け取ったときには、現実的なこととしては考えられず、一度お断りしました。しかしその後、この招聘は神様の招きかもしれないと思い、直接お会いしてお話を伺うことにしました。

そして冷静に考え、祈る中で、み心と信じてこれを受ける決心をしました。

少し語弊がありますが、それぞれにやはり人間的な考えがあり、それが合致したということもできるでしょう。ただし牧師の人事というのは、決して、そうした条件が合致したというレベルではないことがありますし、そのように信じます。すべての人間的な計画を超えたところで、神がこの招聘を備えてくださったと信じるのです。

最後に箴言一九章二一節の言葉を紹介しましょう。


人の心には多くの計らいがある。

主の御旨のみが実現する。


（二〇一五年六月七日）

4 民族

創世記二七章三四節〜二八章九節
コロサイの信徒への手紙 三章一一節

再びイサクとエサウ

前回、創世記二七章の前半をテキストにしてお話ししましたが、今日はその続きです。二七章は全体が五つの場面からなるサスペンス・ドラマのようだと申し上げました。少し物語を振り返ってみましょう。

まず、第一場は一〜四節。登場人物はイサクとその長男エサウです。年老いたイサクは、長男であるエサウを呼んで、最後の祝福を与えようとしました。イサクがエサウに「最後に、お前の料理が食べたい」と言ったので、それに応えてエサウは狩りをするために野に出ていきます。

第二場は五〜一七節。登場人物は、イサクの妻リベカとヤコブです。リベカは先ほどのイサクとエサウの話を盗み聞きしていました。リベカのお気に入りは、エサウではなく、次男のヤコブです。急いで、ヤコブを呼び寄せ、料理を持たせて、イサクのもとへ行かせることにしました。

第三場は一八〜二九節。登場人物はイサクとヤコブです。ヤコブは母リベカに言われたとおりにします。父はもう目がかすんでよく見えません。エサウは毛深く、ヤコブの肌はなめらかです。それで腕に毛皮を巻くという変装をして、父のもとへ行きます。何度かばれそうな、どきっとする場面があるのですが、それをクリアーして、父の祝福を受けることができました。

第四場は三〇〜四〇節です。前回は、そのうち三三節までを読みました。

登場人物は第一場と同じイサクとエサウです。ヤコブが自分より先に来て、祝福を奪ってしまったと知ったエサウは、怒り狂います。「彼をヤコブとは、よくも名付けたものだ。これで二度も、わたしの足を引っ張り（アーカブ）欺いた。あのときはわたしの長子の権利を奪い、今度はわたしの祝福を奪ってしまった」（二七・三六）。

「あのとき」というのは二五章三一〜三三節のことですが、「あのとき」は、エサウのほうにも責任がありました。だまされたとはいえ、エサウも承認済みでした。ひっかけられたのです。しかし今回は違います。完全に出し抜かれたのでした。「お父さんは、わたしのために祝福を残しておいてくれなかったのですか」（二七・三六）。
イサクは答えます。「既にわたしは、彼をお前の主人とし、親族をすべて彼の僕とし、穀物もぶどう酒も彼のものにしてしまった。わたしの子よ。今となっては、お前のために何をしてやれようか」（二七・三七）。
エサウはそれでも、祝福を得ようとして、しつこく食い下がります。イサクも、何とか言葉を絞り出そうとします。

「ああ
地の産み出す豊かなものから遠く離れた所
この後お前はそこに住む
天の露からも遠く隔てられて。
お前は剣に頼って生きていく。
しかしお前は弟に仕える。
いつの日にかお前は反抗を企て
自分の首から軛《くびき》を振り落とす。」

（二七・三九〜四〇）

これは祝福の言葉になっていません。ヤコブに与えられた祝福の言葉（二七・二七～二九）とは全く違い、対比的です。エサウとイサクが意気消沈している姿が目に浮かびます。

ここでの祝福を与えるという行為は、一種の儀式であり、一つの象徴行為でした。ただ単にその父親の言葉で終わるのではなく、そこに神様が働いて、神の何らかの出来事が起きている。それは決して取り消されない。「祝福はたった一つしかないのですか」（二七・三八）。一度限り。今日の私たちの教会の事例で言えば、洗礼や按手という儀式を遠く指し示しているように思います。それは一度限りで、決して取り消されないものなのです。

再びリベカとヤコブ

そして第五場です。四一～四五節。エサウは弟ヤコブが憎くてたまりません。「父の喪の日も遠くない。そのときがきたら、必ず弟のヤコブを殺してやる」（二七・四一）。エサウはそれを心の中で言ったのですが、口に出していない心の中の言葉まで、リベカには聞こえてしまう。地獄耳です。

そしてヤコブを呼び寄せて言いました。

「大変です。エサウ兄さんがお前を殺して恨みを晴らそうとしています。わたしの子よ。今、わたしの言うことをよく聞き、急いでハランに、わたしの兄ラバンの所へ逃げて行きなさい。」　(二七・四二〜四三)

結局、これがリベカとリベカの愛する息子ヤコブの最後の別れとなりました。これっきり、リベカとヤコブは会うことはありません。「しばらくしたら呼び戻す」と言っていますが、結局、帰ってこられるのは二〇年も先になります。

最後に「一日のうちにお前たち二人を失うことなど、どうしてできましょう」(二七・四五)という不思議な言葉を語っています。

「二人を失う」というのは誰と誰のことを指しているのか。二つの解釈があるようです。一つはイサクとヤコブです。エサウは、イサクが死んだ日にヤコブを殺す、と言っていますのでイサクが死んだときに、ヤコブも殺されるということになります。

もう一つの解釈はヤコブとエサウです。エサウがヤコブを殺すと、エサウも殺人罪に問われて死刑になってしまうということです。「お前たち」という日本語訳は、すでにこちらの解釈に立っているのでしょう。イサクとヤコブであれば、「あなたたち」とするでしょうから。いずれにせよ、物語の展開としてはあまり関係がありませんので、そういう二つの解釈があるということだけ紹介しておきましょう。

挿入された二つのエピソード

さて二七章四六節から二八章九節は、その前後の物語と直接つながりがあるわけではなく、後の時代に書かれたもの（P〈祭司〉資料）が挿入されたのであろうと言われます。まずヤコブの出発に際して、それをイサクにも認めてもらうべく、リベカがイサクに話をするというエピソードがあります（二七・四六〜二八・五）。その内容は、「エサウはこの土地の娘と結婚してしまったけれども（二六・三四〜三五参照）、ヤコブにはそうしてもらいたくない」ということでした。

これはヤコブの逃亡の理由を、兄をだましたからということに限定させることにためらいがあった時代に挿入されたと思われます。かつてのイサクの妻探し（二四章）と重ね合わせて、ヤコブの出発の理由の一つとして、ヤコブの妻探しに関係させようとしたのでしょう。

もう一つは、エサウの妻がこの土地の女性だということがイサクの気に入らないらしいということで、同族の女性をもう一人めとるという話です（二八・六～九）。その女性は、イシュマエルというイサクの異母兄弟の娘でした。

この記述は、祝福を継承するのはヤコブの系譜であるけれども、エサウの子孫も忘れられてはいないということを示しているように思います。

祝福は拘束されない

さて、この二七章から祝福とはどういうものかということを、改めて考えてみたいと思います。

ここには祝福を得ようと夢中になる人々がいます。確かに、祝福にはそれだけの力と価値があることをここにいるすべての人が知っています。しかしそれがどのような力をもち、どこまで及ぶのかは、誰もわかっていないようです。それを得ようとリベカとヤコブは策略をはかります。そして彼らの思いどおりになったように見えます。しかし彼らもそれが何を意味するのかわかってはいなかったでしょう。リベカはそれによって、結局、最愛の息子と永遠の別れをすることになります。ヤコブはそれによって、逃亡者となります。

祝福はそれを受け取った人の自由にはならないのです。たとえば、少し（かなり？）古いですが、鉄人28号の操縦機（リモコン）を手にするのとはわけが違います。鉄人28号であれば、（正太郎君の手から）リモコンを奪えば、リモコンによって鉄人28号を自分の思うように動かせます。しかし祝福は決してそれを奪い取った人の手には渡らない。

神の箱の主権

サムエル記上四～六章に、神の箱をめぐる興味深い話があります。

神の箱というのは、契約の箱とも言われ、その中にはモーセが神様からいただいた十戒の板が入っていたと言われます。イスラエル軍とペリシテ軍の戦いの際、神の箱が聖所シロから、イスラエル軍のもとに運び込まれます。イスラエル軍から大歓声がおこります。その大歓声を聞いたペリシテ軍は、その神の箱を奪うのです。戦利品のようなものです。ところがその神の箱が思わぬ力を発揮し始めるのです。彼らが神の箱を自分たちのダゴンの神殿に運び込むと、翌朝ダゴンの像がうつ伏せに倒れていました。あわてて起こすのですが、翌朝、今度はダゴンの頭と両手が切り取られるという不思議なことが起きる。ペリシテ人たちは「これは大変だ」と、神の箱をガトという町へ移します。そうすると、今度はガトにおいて災難が起こるのです。結局、「イスラエルの神の箱を送り返そう。元の所に戻ってもらおう」ということになり、しかも「手ぶらで返してはいけない」と言って、「賠償の献げ物」付きで、いわば自力で戻ってくるのです。神の箱は人間の思惑でどこかへ移されようとも、決してその主権は侵されないのです。

それと同じように、神の祝福もその受け取り手の自由にはなりません。策略をはかって奪う人があっても、その人の思惑を超えて働くのです。祝福は自由です。誰を祝福するかを決められるのも神です。

すべての氏族が祝福に入るため

次回のテキストである創世記二八章一四節に、こういう言葉があります。

「あなたの子孫は大地の砂粒のように多くなり、西へ、東へ、北へ、南へと広がっていくであろう。地上の氏族はすべて、あなたとあなたの子孫によって祝福に入る。」

これは、ヤコブに与えられる約束の言葉です。注目したいのは、ヤコブがそのような祝福の器とされるのは、それによって地上のすべての氏族（民族）が祝福を受けるためであるということです。そのためにこそ、つまり祝福が広がるためにこそ、ヤコブは祝福の器とされたのです。決して、ヤコブの子孫が他の氏族に比べて優越的な存在になるためではありませんでした。

ですから、もしもヤコブが、そしてヤコブの子孫がそこを勘違いして、自分自身が他民族よりも上に立とうとするならば、神によって裁かれることになるでしょう。

解放の福音

エサウがイサクから受けた言葉（二七・三八〜四〇）は、祝福にならない約束の言葉でした。しかしその最後の言葉は、控えめで小さなものですが、解放の約束の言葉です。

「いつの日にかお前は反抗を企て
自分の首から軛を振り落とす。」
（二七・四〇）

この言葉は、直接的には列王記下に記される以下の出来事を指していると言われます。

ヨラムの治世に、エドムがユダに反旗を翻してその支配から脱し、自分たちの王を立てた。ヨラムは全戦車隊を率いてツァイルに進み、夜襲を試みて、自分を包囲するエドム兵とその戦車隊の長たちを打ち破った。しかし、その民は自分の天幕に逃げ帰った。こうしてエドムはユダに反旗を翻してその支配から脱し、今日に至っている。

（列王記下八・二〇〜二二）

エドム（人）というのは、エサウの子孫だとされています（創世記二五・三〇参照）。エドムの子孫から偉大な者が現れるという預言もあります（イザヤ書六三章参照）。聖書には、ヤコブの系譜に範囲を限定しないものの見方、広がりがあります。神はイスラエルに排他的に関わられるのではないということです。そこには諸国民に対する約束があるのです。

この世界の民族的対立、強い者が弱い者を支配する世界、歴史において、神様は被支配者をいつまでも軛でつながれるわけではない。二七章四〇節の言葉は、苦しめられている民も、いつかその軛から解放される日が来るということを幻として示していると思います。私は、そこにたとえばパレスチナの解放を見ることができるように思うのです。この言葉の中に終末論的な希望の光が垣間見えているのです。

このヤコブが受け継いでいくアブラハムの祝福は、やがてキリストに引き継がれると言えるでしょう。そしてキリストに引き継がれることによって、すべての人、すべての民族に与えられるようになりました。その意味で祝福から洩れる人はありません。私たちもそのことを感謝して生きる者となりましょう。

（あなたがたは、）古い人をその行いと共に脱ぎ捨て、造り主の姿に倣う新しい人を身に着け、日々新たにされて、真の知識に達するのです。そこには、もはや、ギリシア人とユダヤ人、割礼を受けた者と受けていない者、未開人、スキタイ人、奴隷、自由な身分の者の区別はありません。キリストがすべてであり、すべてのもののうちにおられるのです。

（コロサイ三・九～一一）

（二〇一五年七月一二日）

5 自立

創世記二八章一〇～二二節
フィリピの信徒への手紙二章六～一一節

走り抜くヤコブ

創世記二八章一〇節以下は、直接的には、二七章四五節に続くものです。兄エサウは弟ヤコブにだまされたと知って怒り、いつか弟を殺してやると決意するのですが、母リベカがそれを察知して、ヤコブに早く逃げなさいと送り出します。

ヤコブはベエル・シェバからできるだけ遠くまで走り抜きました。ベエル・シェバから今回の舞台の「とある場所」（後のベテル）まで、約九〇キロもあるそうですから（マラソンの四二・一九五キロの二倍以上）、一日で走るのは難しい距離です。何日も昼となく夜となく走ってきたのでしょう。獣や強盗に襲われる可能性もあります。たとえ宿があったとしても、かえって人目につく（エサウに見つかる）よりは野宿のほうがよいと思ったかもしれません。ここまでたどり着き、力尽きたのでしょう。そこで石を枕に野宿します。『讃美歌21』の四六六番「山路こえて」は、このエピソードに基づいたものです。

ヤコブはどんな思いで眠ったことでしょう。野宿も初めてであったかもしれません。父や兄をだまし通して得た祝福も、こんな野原では何の役にも立ちません。まだ何も手にしていません。これから先もどうなるか全くわかりません。非常に心細い思いであったことでしょう。

ヤコブは、これまではただ母の言う通りのことをしていればよかった。母のほうも、「あなたはただ私の言う通りにしていればいいのよ」と言ったかもしれません。そういう意味では、彼はまだ本当には自立していませんでした。マザコン（マザー・コンプレックス）のような男です。ファーザー・コンプレックスもありました。

今日の物語は、そのヤコブの自立の第一歩の物語でもあります。ヤコブは、父の家で守られて育ち、これまでも「アブラハムの神、イサクの神」という「家の神」を漠然と信じていたでしょうが、本当の信仰にはいたっていませんでした。

天から地に向かう階段

ヤコブはその夜、不思議な夢を見ました。「先端が天まで達する階段が地に向かって伸びており、しかも、神の御使いたちがそれを上ったり下ったりしていた」(二八・一二)。この「階段」は、口語訳聖書では「梯子」となっていましたが、それは日本語で思い浮かべる梯子のようなものではなく、地上から天にそびえる傾斜路であったようです。

この夢を見たヤコブの深層心理を分析すれば、それはそれでいろいろなことが言えるでしょう。しかし聖書が語るのは、そういう心理分析よりも、神がこの夢をヤコブに見せられた、夢を通して神がヤコブに出会われたということです。

天と地を結ぶ道は、地上から何かを積み上げていって作ることはできません。それをしようとして崩されたのがバベルの塔でした(創世記一一章)。いや崩されなくても、私たちは地上から天にいたることはできません。言葉を変えれば、人間は神にはなれませんし、自力で神のところに行くことはできないのです。

天と地が結び付くとすれば、それは一方的に天が雲の窓を開けるようにして、天から地上に道がつけられることによってのみです。ヤコブはそういう情景を見たのではないでしょうか。

そこを「神の御使いたちがそれを上ったり下ったりして」(二八・一二)いました。天に属する者が、天から地上に届いた階段を上り下りすることによって地上に「天の門」

（二八・一七）が開いたのです。

私たちは、主の祈りにおいて、「み心の天になるごとく、地にもなさせたまえ」と祈ります。すでに天においては成就しているみ心が、地においても実現するように、み使いが行き来しているのです。

キリストにおいて起きたこと

この「天から地上に至る道」はやがてイエス・キリストによってもっと確かなものとされます。新約聖書はまさにそのことを語るのです。


キリストは、神の身分でありながら、神と等しい者であることに固執しようとは思わず、かえって自分を無にして、僕の身分になり、人間と同じ者になられました。人間の姿で現れ、へりくだって、死に至るまで、それも十字架の死に至るまで従順でした。このため、神はキリストを高く上げ、あらゆる名にまさる名をお与えになりました。

（フィリピ二・六〜九）

イエス・キリストは、天のふるさとから地上に降りて来られました。クリスマスはそのことを祝うのです。そして人間として歩まれ、十字架の死の後、陰府《よみ》にまでくだられました（使徒信条参照）。しかしそこから復活し、さらに天に昇られました。そしてまた来るべき日に地上に来られます。そのようにイエス・キリストは天と地を行き来されました。この天と地を行き来される方のゆえに、天と地は一つなのです。

そして私たちもこの方によってつけられた道を通って、天のふるさとへ帰ることが許されるのです。

神の約束

その情景に続いて、神はヤコブに語りかけます。

「わたしは、あなたの父祖アブラハムの神、イサクの神、主である。」（二八・一三）

これは、神が自分のことを誰であるかを告げられた言葉です。それに続けて、こう語られました。

「あなたが今横たわっているこの土地を、あなたとあなたの子孫に与える。あなたの子孫は大地の砂粒のように多くなり、西へ、東へ、北へ、南へと広がっていくであろう。地上の氏族はすべて、あなたとあなたの子孫によって祝福に入る。」

（二八・一三～一四）

これはかつてアブラハムに語られた言葉の延長線上にあります（一三・一四～一六）。それを、あなたは受け継ぐのだ、と言われたのです。さらにこう続けられました。

「見よ、わたしはあなたと共にいる。あなたがどこへ行っても、わたしはあなたを守り、必ずこの土地に連れ帰る。わたしは、あなたに約束したことを果たすまで決して見捨てない。」

（二八・一五）

この言葉は、聖書を貫く約束となりました。この言葉は、二つの約束から成り立っています。一つ目は「あなたと共にいる」という神の確かな存在の約束、二つ目は「どこへ行ってもあなたを守り、必ずあなたを連れ帰る」という神の力強い行為の約束です。そして、この二つの約束が果たされるまで、「あなたを決して見捨てない」ことが付け加えられます。

インマヌエル

この約束は、イエス・キリストによって受け継がれているということができるでしょう。なぜならば、イエス・キリストの存在そのものが、「インマヌエル」（神が我々と共におられる）ということのしるしに他ならないからです（マタイ一・二三参照）。アドベントに歌われる賛美歌「久しく待ちにし」は、その神の存在と神の行為をよく表しています。

久しく待ちにし　救いの主来たり、
とらわれの民を　解き放ちたまえ。
喜べ、インマヌエル来たりて救いたもう。
（『讃美歌21』二三一）

この賛美歌では、イエス・キリストのことを端的にインマヌエルと呼んでいます。その〈インマヌエル〉が、捕らわれの民族を解放するのです。

ヤコブに与えられたこの約束は、特に故郷を去ることを余儀なくされた民、あるいは捕らわれの民にとっては、力強い言葉です。イスラエルの民、指導者たちは、紀元前六世紀に、故郷からバビロンへ連れ去られて捕囚となる経験をしますので、そうした中で、この言葉はどれほど大きな力となったことでしょう。

現代においても、内戦、干ばつなどさまざまな理由で、故郷を離れざるを得ず、難民となる人々が大勢います。神は、その人たちに対しても、この約束の言葉を告げられます。そしてその約束が果たされるために、私たちも召されているということを忘れないようにしなければなりません。

イエス・キリストはご自身が去っていかれる前にも、弟子たちに「わたしは、あなたがたをみなしごにはしておかない。あなたがたのところに戻って来る」(ヨハネ一四・一八)と約束されましたし、復活された後も、弟子たちに対して「わたしは世の終わりまで、いつもあなたがたと共にいる」(マタイ二八・二〇)と約束されました。

神との真の出会い

ヤコブは、父イサクからその神について聞いていました。何よりその神の祝福を奪い取るようにして受けたばかりです（二七・二七〜二九）。しかしヤコブは、まだその神と本当には出会っていませんでした。それは自分の「家の神」であると思っていました。その「家の神」と、家から遠く離れた所で出会ったのです。まさかこんな所に神様がいるはずがないと思うような地の果てのような所です。いや、その神が彼を追いかけて来たのです。罰するためにではなく、祝福を与え、彼がどこへ行こうとも共にいて、彼を守るという約束を告げるために。

ヤコブは、ベエル・シェバから遠く離れた野原で、思いもよらず、「アブラハムの神、イサクの神」に出会います。ヤコブは恐れおののいてこう言いました。

「まことに主がこの場所におられるのに、わたしは知らなかった。」（二八・一六）

そこでヤコブは神を礼拝します。彼は夢の中で神様と出会いましたが、夢の中ででではなく、目覚めた状態で神様を礼拝しました。ここからヤコブの本当の自立が始まっていきます。この不思議な経験が、その後の困難な歩みを支える信仰の原点になったのだと思います。

ヤコブは、この後、二〇年にも及ぶ寄留生活を余儀なくされるのですが、この約束の言葉をずっと心に留めて、その期間を生き抜いてきたのではないでしょうか。

私はこの話は、日本に来たブラジル日系二世、三世の物語に似たところがあると思いました。ヤコブの母リベカは花嫁移民ですから移住者一世です。父イサクは移住者一世アブラハムの息子ですから二世です。ということは、ヤコブは（エサウも）母方から言えば二世、父方から言えば三世ということになります。こういう人たちを、ブラジル日系人たちは、冗談交じりに「二世半」と言います。

ブラジル日系人にとって、キリスト教は、国中の人が信じている、いわば〈家〉の宗教です。その中の何人かは、ブラジルにいた頃は、教会にも行っていなかったのに、日本でブラジル人が集まる教会に通うようになり、それが彼らの日本での寄留生活を支える力の源となっています。彼らの中には、日本に定住しつつも、いつかブラジルへ帰りたいという思いをもっている人たちも大勢います。そのような状況においては、このヤコブが聞いた神の約束（二八・一五）は格別の意味をもっていることでしょう。

彼らも、ヤコブ同様、「まさかこんなところに神様がいるはずはない」と思うような地の果てのような場所、日本で、自分の故郷で聞き知っていた神様と新たな出会いをしているのです。

「まことに主がこの場所におられるのに、わたしは知らなかった。」（二八・一六）

天の門

「ここは、なんと畏れ多い場所だろう。これはまさしく神の家である。そうだ、ここは天の門だ。」（二八・一七）

この「神の家」というのがベテルという言葉であり、その後、そこはベテルと呼ばれるようになりました。「天の門」というのは、地上にあって、天国とつながっている所と言えるでしょう。

私は、お墓というのも、そういう場所であると思います。お墓には、その人の最後の形がそこに納められ、そこには名前が刻まれます。しかしその人自身はいつまでもそこにいるわけではありません。そこは天へと通じるエレベーターの入り口のようなものです。

さてヤコブは、そこに記念碑を立て、請願を立てました。そして「神がわたしと共におられ、わたしが歩むこの旅路を守り、食べ物、着る物を与え、無事に父の家に帰らせてくださり、主がわたしの神となられるなら」（二八・二〇～二一）と言います。これは、二八章一五節で与えられた祝福を繰り返したような言葉です。共にいてくださること、守ってくださること、そして連れ帰ってくださることです。

もしもそういうふうに神がしてくださるなら、「わたしが記念碑として立てたこの石を神の家とし、すべて、あなたがわたしに与えられるものの十分の一をささげます」（二八・二二）と誓います。それは、自分がそうすることによって、自分を認めて欲しいということではないでしょう。神様の祝福を確認しながら、自分もそれに応えていきますという、ヤコブの信仰の言葉と言えるのではないでしょうか。

私たちもイエス・キリストを通してヤコブと同じ祝福を受けていることを感謝しつつ、それに応える誠実な歩みをしていきましょう。

（二〇一五年九月二七日）

6　鍛錬

創世記二九章一～三〇節
ヘブライ人への手紙一二章四～七、一一節

ハラン近くの井戸

ヤコブは、夢の中で神様に出会った後、さらに東へ進み、井戸のある所に行き着きました。ヤコブは、そこにいた羊飼いの人たちに、「皆さんはどちらの方ですか」と尋ねます。彼らは、「ハランの者です」と答えました（二九・四）。ヤコブは、それを聞き、ようやく旅の終わりが近いことを悟りました。

ハランとは、母リベカのふるさと、その兄、自分の伯父ラバンが住んでいる場所であり、ヤコブが目指していた場所でした。ヤコブは、さらに尋ねます。「では、ナホルの息子のラバンを知っていますか」。「ええ、知っています」。「元気でしょうか」。「元気です。もうすぐ、娘のラケルも羊の群れを連れてやって来ます」（二九・五～六）。

かつて母リベカがイサクとの結婚のきっかけとなった場所も、ハランの井戸でありました。ヤコブは、母の結婚にいたるまでの物語を聞いていたことでしょう。「もしかして、この井戸だろうか」と思い、心躍らせたかもしれません。

実は、ヤコブの旅には、兄エサウから逃れることの他に、妻探しという目的がありました。出発直前に、父イサクは、こう言いました。「お前はカナンの娘の中から妻を迎えてはいけない。ここをたって、パダン・アラムのベトエルおじいさんの家に行き、そこでラバン伯父さんの娘の中から結婚相手を見つけなさい」（二八・一～二）。

ヤコブは、その目的に近づいたことを感じ、「ここへ来る娘はラケルという名前なのか。どんな娘なのだろう」と思いめぐらしたのではないでしょうか。

この後のヤコブの言葉が面白いのです。「まだこんなに日は高いし、家畜を集める時でもない。羊に水を飲ませて、もう一度草を食べさせに行ったらどうですか」（二九・七）。ラバンの娘が来るというので、邪魔な人たちには退出願って、二人だけの感動的な出会いとしたかったのかもしれません。アドバイスをしながら、自分の都合のよいように事を運ぼうとするのは、いかにもややずる賢いヤコブらしいです。ところががっかりする返事が返ってきました。

「そうはできないのです。羊の群れを全部ここに集め、あの石を井戸の口から転がして羊に水を飲ませるのですから。」
（二九・八）

公共の井戸のルールであったようです。羊に水を与えるときは、全部そろえて順番に水を飲ませ、最後のものまで飲ませたら、そこでまたふたをして、それぞれ帰るということになっていた。勝手に飲んで、勝手に帰るというわけにはいかない。

もしかすると、彼らもここで美しい娘ラケルと出会い、石を転がしてやったりして、たわいもない話をするのを楽しみにしていたのかもしれません。

ラケル登場

そう話しているうちに、向こうから当のラケルが羊の群れを連れてやってきました。

ヤコブは、伯父ラバンの娘ラケルと伯父ラバンの羊の群れを見るとすぐに、井戸の口へ近寄り石を転がして、伯父ラバンの羊に水を飲ませた。
（二九・一〇）

かつてアブラハムの僕がリベカと出会ったときには、プレゼントをたくさん持っていましたが（二四・二二参照）、今のヤコブは、何も持っていません。せめて、重い石を一人でひょいと動かして、かっこいいところを見せようとしたのかもしれません。ヤコブは、兄エサウとの比較ではひ弱そうな印象を受けますが、力は意外に強かったようです（三二・二五〜二九参照）。

「ヤコブはラケルに口づけし、声をあげて泣いた」（二九・一一）。いきなりキスをして、泣き出したものですから、ラケルはびっくりしたことでしょう。普通であれば、「何するのよ、いきなり！」と言って、ひっぱたかれそうですが。

ヤコブは、自分が彼女の父の甥で、リベカの息子であると打ち明けました。ラケルもきっと、リベカのことは、家族から聞いていたでしょう。結婚を即座に決めて家から出て行った叔母さんがいたと。

ラバン登場

ラケルは、早速ヤコブのことを父ラバンに告げました。ラバンは、それを聞いて、ヤコブを出迎えに行きます。リベカの時と似ています（二四・二九）。そして口づけをし、

「お前は、本当にわたしの骨肉の者だ」と言うのです。この言葉は、アダムがエバを得たときの言葉を彷彿とさせます。「ついに、これこそ、わたしの骨の骨、わたしの肉の肉」(二・二三)。

この時は本音で心底そう思ったのだろうと思います。「遠い所から妹リベカの息子がやってきた!」と。

この出会いは、ブラジルに住む二世、三世が出稼ぎか留学で日本へ行って、初めて親戚に出会うときに少し似ています。やっぱり感激するのです。しかしそういう感激はひと月も続かない。だんだんと現実を見せつけられることになります。

ヤコブの労働契約

ひと月の滞在の後、それぞれの感動も冷めたところで、ラバンは言いました。「お前は身内の者だからといって、ただで働くことはない。どんな報酬が欲しいか言ってみなさい」(二九・一五)。

ラバンもヤコブに劣らず、いやヤコブ以上に計算高い人物です。恐らくこう切り出した背景には、彼なりの計算が働いたのでしょう。このヤコブをどうすれば、自分の所で長く働かせることができるか。娘ラケルに気があるということも見抜いていたのでしょう。ヤコブは「下の娘のラケルをくださるなら、わたしは七年間あなたの所で働きます」(二九・一八)と言いました。

他方、ヤコブにはヤコブの計算があったと思います。今のヤコブは、故郷に帰りたくても帰れない。ここに留まるしかないのです。「七年間ここにいて働くから、ラケルさんを妻にさせてください」というのは、相手を満足させるに十分なものだろうと、計算しました。そして二人の計算がぴたりとあって、双方喜んでこの契約に同意します。

ヤコブはラケルのために七年間働いたが、彼女を愛していたので、それはほんの数日のように思われた。(二九・二〇)

恋をしている人間とは、そういうものかと思わされます。皆さんはいかがでしょうか。「そういうこともあったな」と、はるか昔のこととして、思い起こす方もあるかもしれません。

さてそのようにして瞬く間に、約束の七年の年月が過ぎました。「約束の年月が満ちましたから、わたしのいいなずけと一緒にならせてください」(二九・二一)。

「いいでしょう」ということで、結婚式と披露宴をするのですが、ここでヤコブはだまされることになります。

ラケルには、レアという姉がいました。「レアは優しい目をしていたが、ラケルは顔も美しく、容姿も優れていた」(二九・一七)とあります。この「優しい目」と訳された言葉は、なかなか訳すのが難しい言葉のようです。口語訳聖書では、「目が弱かった」となっていました。「優しい目」と「目が弱かった」では随分違いますが、とにかくレアは、「お目めパッチリ」の美人ではなかった。印象の薄い目をしていた。二人の姉妹が並んだときには、ラケルの美貌が際立ったのだと思います。

ラケルとレアの入れ替え

結婚式の夜、ラバンは、ラケルではなく、姉娘のレアをヤコブの床に送りこみます。ところがヤコブは朝になるまで、それがレアだと気付きません。こんなこともあるのでしょうか。顔をベールで隠していたので、誰かわからなかったのでしょうか。

この話は、ただ単にヤコブがだまされたということよりもっと多くのことを語っています。あくる朝「なぜ、わたしをだましたのですか」(二九・二五)というヤコブの言葉に、ラバンは「我々の所では、妹を姉より先に嫁がせることはしないのだ」(二九・二六)と答えます。このラバンの言葉には、姉娘レアを思いやる気持ちと彼の打算とが区別できない形で一体になっています。一方でレアの結婚について考え、もう一方でヤコブをもっと引き止めておきたいということを打算的に考えている。私たちにもそういうことがあるのではないでしょうか。誰かを思いやる気持ちと、自分の打算が混ざり合っている。

しかしそうした人間的な思いを通して、不思議に神の計画は進んで行きます。その中にも、神の配慮、配剤があるのだと思います。神はレアを思いやると同時に、ヤコブに対しても反省の機会を与えられたのではないでしょうか。

ヤコブはかつて母親と一緒になって父と兄をだまして、祝福を奪い取りました。つまり母と弟息子が一体となって、父と兄息子をだましました。しかしここでは、父と姉娘が一体となってヤコブをだますのです。

かつて父イサクは、弟息子ヤコブと兄息子エサウがすり替わったのを見抜けなかったのですが、今度はヤコブが妹ラケルと姉レアがすり替わったのを見抜くことができない。今度は彼が「してやられる」のです。これを通して、彼ははじめてだまされる側の人間の気持ち、兄エサウの気持ちが、わかるようになったのではないでしょうか。

この時のラバンの「我々の所では、妹を姉より先に嫁がせることはしないのだ」という言葉は、ヤコブにがつんと来たことでしょう。なぜならば、彼はかつて兄を出し抜いたからです。ヤコブは何も言い訳ができません。ヤコブは、このラバンの策略の中に、神がかかわられたことを感じとったかもしれません。

結局一週間後に、ヤコブはラケルもめとり、そのために、もう七年間働くことになります。これはヤコブの計算外のことでした。しかしここを出ていくには、時がまだ満ちていなかったのです。さらに先のことを言えば、この一四年の後、ヤコブはさらに六年間、ラバンのもとで働くことになります。合計すると二〇年間もの歳月です（三一・四一参照）。

日系ブラジル人の出稼ぎ

さてこの物語から、さらにいくつかのことを聞きとりたいと思います。先ほど申し上げたように、この物語は、今日のブラジル日系人の出稼ぎの話に通じるものがあります。故郷ブラジルの経済的困難の中で、彼らも故郷を脱出します。どこへ行くのかと言えば、全く関係のない国ではなく、ヤコブのように、親の出身地、親族の住む国日本へ向かうのです。

彼らも、「伯父ラバンの国」日本で似たような経験をしています。日本の景気がよく、労働力が必要なときは大歓迎されますが、景気が悪くなると、じゃま者扱いされ、待遇が悪くなります。最初の契約が無視されたり、だまされたりするケースもしばしばです。日本語では言いたいことも言えず、日本語の読み書きもできず、泣き寝入りすることもあります。

ブラジルでは、信頼の代名詞であり、犯罪から最も遠いと思われている日系人（ジャポネーズ）たちが、日本では、犯罪があれば、まず疑われる危険な存在と見られているのは皮肉なことです。彼らからすれば、私たち日本人はラバンのような存在でしょう。私たちは、このラバンの国において、自分たちを頼って訪ねてきた「甥」や「姪」をどのように迎えるのか。そのことが問われているのではないでしょうか。ぜひ「よく来たね。いつまでもいてください」と、温かく迎えたいものです。

選びの器として鍛えられるヤコブ

もう一つは、神がこの二〇年の歳月を用いて、ヤコブに試練を与え、鍛えられたということです。ヤコブという人は、人間的に見れば、あまり好ましい人物ではありません。人をだまして、人を利用して生きている。しかしその中にも、確かに神様に用いられる何かをもっている。人を引き付ける力のようなものももっている。

私は若い頃、ある恩師から「松本さんはヤコブのようなところがありますね」と言われて、ショックを受けたことがあります。うまく人を利用し、それでもなぜか神様の祝福を受けているというようなニュアンスでしょうか。確かに、私は自己中心的な人間であるのに、不思議に多くの祝福を受けてきました。その後、それにふさわしく鍛えられたかどうかはわかりませんが、それなりに多くの経験をさせられてきました。

新約聖書に、こういう言葉があります。

「わが子よ、主の鍛錬を軽んじてはいけない。

……

なぜなら、主は愛する者を鍛え、

子として受け入れる者を皆、

鞭打たれるからである。」

（ヘブライ一二・五～六）

およそ鍛錬というものは、当座は喜ばしいものではなく、悲しいものと思われるのですが、後になるとそれで鍛え上げられた人々に、義という平和に満ちた実を結ばせるのです。

（ヘブライ一二・一一）

このヤコブに与えられた鍛錬も非常に大きなものでした。彼は、出発したときとは、全く違った人間となって、やがて故郷へ帰っていくこととなります。

私たちは、多かれ少なかれ、さまざまな困難に遭遇します。そのときに、それは神様が私たちを愛しているしるしだと受けとめて、困難に耐え、乗り越えていきましょう。それにより、新たな祝福、「義という平和に満ちた実」を結ばせてくださることを信じて、歩んでいきたいと思います。

（二〇一五年一〇月一六日）

7　嫉　妬

創世記二九章三一節～三〇章二四節
コリントの信徒への手紙一　一三章四～七節

レアの子どもたち

今回の箇所は、ヤコブの二人の妻レアとラケル、およびそれぞれの召し使いジルパ、ビルハという四人の女性による子産み競争のような物語です。跡継ぎとなる男の子を産むことが絶対とされた当時、多重結婚はしばしばあったようですが、そうした家族関係にはやはり無理があります。しかもここで二人の妻は姉と妹ですが、後に姉妹との重婚は律法で禁じられます（レビ記一八・一八参照）。

ただしここに記されることとは、後にイスラエルの十二部族となるその部族名の由来をたどる自由な「語源論的遊び」のような面があります。ですから読む側も、あまりがちがちに受け取らないで、少し遊び心をもって読むほうがよいのかもしれません。

主は、レアが疎んじられているのを見て彼女の胎を開かれたが、ラケルには子供ができなかった。（二九・三一）

この後レアは、六人の男の子とディナという女の子、合計七人の子どもを授かります。それに対し、妹ラケルにはここでは最後にヨセフが、その後大分経ってからもう一人ベニヤミンという男の子が与えられますが、それが難産であり、結局、ラケルはその出産により命を落とすこととなります（三五・一六～一八参照）。

レアは身ごもって男の子を産み、ルベンと名付けた。それは、彼女が、「主はわたしの苦しみを顧みて（ラア）くださった。これからは夫もわたしを愛してくれるにちがいない」と言ったからである。（二九・三二）

「ラア」と「ルベン」は、語呂合わせとしては全く違うように見えますが、これも一種の言葉遊びです。これだけが例外的にわかりにくいのですが、あとの名前については、そもそもヘブライ語の文字は子音だけだということを念頭に置いておくとよいでしょう。母音は符号で表すのです。例えば、Ｂという文字の下にａという符号がつけば、「バ」

となります。ですから子音だけを拾ってみると、語呂合わせになっていることがわかるでしょう（シャマとシメオン、ラベとレビ、ヤダとユダ）。

ある註解書によれば、ルベンという名前から自然に思い浮かぶ語呂合わせは「ご覧なさい、息子です」（ルアー、ベン）だけれども、この著者（聖書）は、あえて別の由来を採用していると記されていました。

次の子どもは「主はわたしが疎んじられていることを耳にされ（シャマ）」ということから「シメオン」と名付けました（二九・三三）。「シャマ」というのは、「シェマー、イスラエル」（聞け、イスラエルよ）という言葉でも有名です（申命記六・四等）。

その後、三男は「これからはきっとわたしに結び付いてくれる」の「結び付く」という言葉「ラベ」から「レビ」と名付けられます（二九・三四）。四男は、「今度こそ主をほめたたえよう」の「ほめたたえる」という言葉（ヤダ）から「ユダ」と名付けられました（二九・三五）。ここで一区切りです。

それぞれの悩み

三〇章に入ると、ラケルは、自分に子どもができないことから、姉をねたむようになり、ヤコブに向かって、「わたしにもぜひ子供を与えてください。与えてくださらなければ、わたしは死にます」(三〇・一)と訴えます。

これは、夫に愛されていることを知っているからこそ言える言葉でしょう。姉は姉で愛されない悩みをもち、妹に嫉妬しましたが、妹は妹で子どもが与えられない悩みをもって、姉に嫉妬しています。その二人の嫉妬のぶつかり合いから、三〇章はすさまじい姉妹同士の争いになっていきます。

このラケルの言葉に対して、ヤコブは激しく怒って、こう答えました。「わたしが神に代われると言うのか。お前の胎に子供を宿らせないのは神御自身なのだ」(三〇・二)。このヤコブの言葉には、「自分は男としてなすべきことをやっている。私だってお前の子どもが欲しい。それを止めているのは神様なのだ」という思いが感じられます。

今ではさまざまな不妊治療がありますが、それでも子どもを与えられるのは、やはり神様のみ手の中にあることです。不妊治療と同時に、もっと養子を迎えることが考えられてもよいのかもしれません。そのためには、社会全体で支えるように変わっていく必要があるでしょう。それも含めて、子どもを与えてくださるのはやはり神様の業というふうに、ヤコブと共に言うことができるでしょう。

さて、ラケルはこう言いました。「わたしの召し使いのビルハがいます。彼女のところに入ってください。彼女が子供を産み、わたしがその子を膝の上に迎えれば、彼女によってわたしも子供を持つことができます」（三〇・三）。

これは、アブラハムの子を得られなかったサラがアブラハムに提案したこと、つまり女奴隷ハガルによって子どもを得ようというあの提案を思い起こさせます（一六・二参照）。

女奴隷たちによる子ども

そしてラケルの願い通りとなり、ビルハは身ごもり、子どもを授かりました。ラケルは、「わたしの訴えを神は正しくお裁きになり、わたしの願いを聞き入れ男の子を与えてくださった」と言います。「裁き」（ディン）という言葉から、「ダン」と名付けられました（三〇・六）。ヤコブにとっては、五人目（五男）です。さらにビルハはもう一人の子どもを産みます。「姉と死に物狂いの争いをして、ついに勝った」と言って、「争い」（ニフタル）という言葉から「ナフタリ」と名付けました（三〇・八）。六男です（「争い」という名前を付けられた子どもはかわいそうですね）。ラケルは、「姉との争いに勝った」と言いましたが、まだまだ争いは続きます。

姉のほうも、それに負けじと、自分の女奴隷を与えて、さらに子どもを得ようとします。不謹慎な連想ですが、何だかスポーツの試合のようです。最初は四対〇だったので安心していたところ、相手が二点入れて、四対二になり、追いあげられた、さらに点を重ねて引き離しておこうという印象を受けます。

果たしてレアの女奴隷ジルパも男の子を産みます。レアは「なんと幸運なことか」と言って、「幸運」(ガド)という言葉から「ガド」と名付けました(三〇・一一)。これが七男。ジルパに、さらにもう一人与えられます。レアは「なんと幸せなこと」と言って「幸せ」(アシェル)という言葉から、そのまま「アシェル」と名付けました(三〇・一三)。八男です。こういう名前(幸運、幸せ)はいいですね。レアとしては、大分引き離した形ですが、それでもまだ安心できないようで、「競争」はまだまだ続きます。

恋なすび事件

そこで恋なすび事件が起きます。レアの長男ルベンが、野原で恋なすびを見つけ、母レアのところに持って来ました。そこでラケルがレアに、あつかましくも「あなたの子供が取って来た恋なすびをわたしに分けてください」(三〇・一四)と言うのです。レアは「あなたは、わたしの夫を取っただけでは気が済まず、わたしの息子の恋なすびまで取ろうとするのですか」(三〇・一五)と答えました。そこでラケルが交換条件を出します。「それでは、あなたの子供の恋なすびの代わりに、今夜あの人があなたと床を共にするようにしましょう」(三〇・一五)。レアはその条件をのんで、恋なすびを与えました。愛されているラケルにとっては、夫を一晩姉に与えることなど平気なようですが、彼女には彼女なりのあせりがあるのです。

夕方になり、ヤコブが野原から帰って来ると、レアは出迎えて言った。「あなたはわたしのところに来なければなりません。わたしは、息子の恋なすびであなたを雇ったのですから。」(三〇・一六)

それで、ヤコブはそちらに連れていかれます。この主体性のない男は、一体なんなのかと思いますが、女性が主役の物語ということでしょうか。

この恋なすびとは、マンゴドラと呼ばれた植物であり、奇妙な形の根が人間の形に似ていることから、さまざまな時代の多くの民族の迷信の中で、魔術の道具として大きな役割を演じてきたそうです。その実は小さなリンゴのような形で強い臭いがし、昔から媚薬(催淫剤)としてよく用いられたとのことです。

媚薬は、愛されないレアにとっては、夫を惹き付けるために有用であったかもしれませんが、ヤコブに十分に愛されていたラケルにとって果たして意味があったのかどうかわかりません。彼女は、媚薬というよりは、「恋なすび」に妊娠を促す効果を期待したのでしょう。

さて、レアは夫が来てくれたおかげでまた身ごもります。彼女自身が産む子どもとしては五人目。ヤコブの子どもとしては九男です。「神はその報酬をくださった」という「報酬」（サカル）から、イサカルと名付けました（三〇・一八）。さらにもう一人与えられます。「今度こそ、夫はわたしを尊敬してくれる」という「尊敬する」（ザバル）から、「ゼブルン」と名付けられます（三〇・二〇）。レアから六人目。ヤコブにとっては十男です。その後、さらにディナという女の子が与えられます。

十二部族の名前の由来

さてラケルは、その後妊娠することになりますが、それは「恋なすび」によってではありませんでした。彼女に子どもが与えられたのは、神がそれをお許しになったからだというのです。

しかし、神はラケルも御心に留め、彼女の願いを聞き入れその胎を開かれたので、ラケルは身ごもって男の子を産んだ。（三〇・二二〜二三）

さらに「主がわたしにもう一人男の子を加えてくださいますように（ヨセフ）」と願ったので、「ヨセフ」と名付けました（三〇・二四）。その「もう一人」はベニヤミンとして与えられますが、さきに申し上げましたように、彼女はその子と引き換えに命を落とすことになります。このヨセフの出産で「子産み競争」のような話は一段落します。女の子のディナを加えて十二人という完全数であったということが語り手の中にあったのかもしれません。

その後、部族名としてはディナではなく、男の子のベニヤミンが加えられます。この十二人が十二部族の祖となり、それが地域の名前にもなっていきます。ただしレビ族は祭司の家系ということで、土地は与えられません。その代わりにヨセフの二人の子ども（マナセとエフライム）を二つに分けて、十二となります。興味のある方は、新共同訳聖書巻末の「3カナンへの定住」という地図で、ご確認ください。

不利なものを顧みる神

さて、これはきわめて世俗的な物語ですが、いくつかのことを述べてみます。

まず神は弱い者、不利な立場に置かれた者の祈りを聞いてくださる、ということが、この物語を通しても言えると思います。

夫から愛されなかったレアから、六人の男の子と、一人の女の子が生まれますが、聖書の系譜の中で、重要な意義をもってくるのは、このレアから生まれた子どもたちです。レアから生まれたユダがいなければ、モーセもダビデもいませんでした。そしてイエス・キリストも、この流れの中にお生まれになりました。

さてヤコブはレアを愛さず、ラケルを愛しましたが、ラケルがヤコブを愛していたかどうかはどこにも書いてありません。どうもヤコブの片思いであったのではないかと思います。ラケルが欲しかったのは、ヤコブの愛情ではなく、自分の子どもです。ヤコブという人は、愛する女性からは愛されなかった男性であったのかもしれません。

次に「嫉妬」について。私たちはいろいろな「嫉妬」をもちます。自分が欲しいものをもっていないとき、他の人がそれをもっていると、嫉妬します。ところが他の人がもっていないのに、自分に与えられている賜物、恵みには、案外気付かないことが多いのではないでしょうか。当たり前のように思ってしまう。私たちは、自分に与えられている恵みを感謝することから始めなければならないでしょう。

パウロのコリントの信徒への手紙の中の愛の賛歌を読んでいただきました。「愛は忍耐強い。愛は情け深い。ねたまない。愛は自慢せず、高ぶらない。礼を失せず、自分の利益を求めず、いらだたず、恨みを抱かない」とあります（第一コリント一三・四〜五）。私たちが「愛」と呼んでいるものには、これと全く逆のことがしばしばあるのではないでしょうか。

家父長制のもとにある物語

ラケルはヨセフが与えられた時に、「神がわたしの恥をすすいでくださった」（三〇・二三）と述べました。この言葉から、ラケルは逆に、子どもが与えられないことを恥と考えていたことがわかります。

今日の物語は、もうひとつ大きな枠組みで見ると、二人の女性の醜い争いというよりは、家父長制の抑圧のもとに置かれた女性たちの物語であると言えると思います。そういうふうにならざるを得なかった女性たちがここにいる。子どもを産むことが、女が女として認められる唯一の形であった。その抑圧があるから、こういうふうに展開していったのでしょう。そういう形ではない社会、子どもがいてもいなくても、女性が一人の女性、人間として認められる社会であれば、この二人の争いもなかったかもしれません。現代でも、結婚したくてもできない女性、子どもが欲しくても与えられない女性、子どもがいないことで家族や社会からプレッシャーを受けている女性、夫との関係で悩んでいる女性がたくさんいます。その意味で、これは社会全体の問題であり、男性も、決してこの物語の傍観者でいることはできないでしょう。

（二〇一五年一一月一五日）

8 報酬

創世記三〇章二五節〜三一章二一節
ヤコブの手紙三章一三〜一八節

ヤコブの帰還願い

この箇所は、ヤコブがラバンのもとから独立を求めるも、それが認められず、紆余曲折を経てラバンのもとから脱走していくという話です。

ラケルがヨセフを産んだころ、ヤコブは独立を求め、「故郷に帰らせてほしい」とラバンに申し出ました（三〇・二五）。結婚のための労働期間が終了してのことですから、レアのために七年、ラケルのために七年で、少なくともラバンのもとに来て一四年後ということになります。その間、ヤコブの働きによって、ラバンの財産も飛躍的に豊かなものになりました。

そのことはラバンの言葉にも表れています。「もし、お前さえ良ければ、もっといてほしいのだが。実は占いで、わたしはお前のお陰で、主から祝福をいただいていることが分かったのだ」（三〇・二七）。占いに聞くまでもなく、ラバンはヤコブが来てから大いに祝福が与えられたと実感していたことでしょう。「もし、お前さえ良ければ」と言っていますが、ラバンは、ヤコブの言うことを聞く気はないようです。「お前の望む報酬をはっきり言いなさい」（三〇・二八）と言いますが、ヤコブは既に言っています。それは、約束が履行されることであり、独立することでした。しかしラバンはヤコブの求めていた報酬（独立と帰郷）を認めていなかったのです。ラバンは、何とかヤコブが留まってくれる条件を引き出そうとしているようです。

それを悟ったヤコブは、あきらめてラバンが受け入れそうな要求に変更しました。

「今日、わたしはあなたの群れを全部見回って、その中から、ぶちとまだらの羊をすべてと羊の中で黒みがかったものをすべて、それからまだらとぶちの山羊を取り出しておきますから、それをわたしの報酬にしてください。」（三〇・三二）

ヤコブは「ぶち」と「まだら」と「黒みがかった羊」を自分のものに、その他はラバンのものに、と申し出ました。さっと聞いただけではわかりにくいのですが、この駆け引きは、羊のほとんどは白であること、つまりぶちもまだらもなく、黒みがかったものもほとんどないということが前提になっています。それはラバンのものであると言っているのです。一方、山羊のほうは、ぶちとまだらは羊と同じですが、黒山羊はヤコブの取り分としてはいません。つまり黒みがかった羊はほとんどいないけれども、黒みがかった山羊や黒山羊は結構いるので、それもラバンの取り分としてどうぞ、ということでしょう。

ヤコブは、ラバンが承諾しやすいように、ラバンに圧倒的に有利な条件を差し出したのでした。ラバンはヤコブの要求を承諾し、交渉は終わります（三〇・三四）。

ところが、それでもずるいラバンは、その話の後で、ヤコブの取り分が少なくなるように、その日のうちに、ヤコブの取り分となるはずの「ぶちやまだらのある羊、山羊、そして黒みがかった羊」を、遠く離れた自分の息子の牧場へ連れて行ってしまうのです（三〇・三五～三六）。

ヤコブの工夫

しかしヤコブもヤコブです。ラバンのやり口をヤコブは承知しています。知恵比べの始まりです。最初からそれは計算済みでもあったでしょう。ヤコブは、工夫と知恵をもってこれに立ち向かいます。

ヤコブは、ポプラとアーモンドとプラタナスの木の若枝を取って来て、皮をはぎ、枝に白い木肌の縞を作り、家畜の群れがやって来たときに群れの目につくように、皮をはいだ枝を家畜の水飲み場の水槽の中に入れた。そして、家畜の群れが水を飲みにやって来たとき、さかりがつくようにしたので、家畜の群れは、その枝の前で交尾して縞やぶちやまだらのものを産んだ。（三〇・三七～三九）

この叙述の背景には、当時の俗信のようなものがありました。それは、動物の母親が妊娠期間中に見たものが胎児にも伝わり、決定的な影響を与えるというものです。母親が縞模様のものを見たら、生まれてくる子どもは縞模様になるということです。胎教のようなものでしょうか。

現代の畜産の観点からみると、その有効性には無理があるでしょうが、この段落は、立場と力を保持する狡猾なラバンに対し、ヤコブが知恵と工夫をこらして立ち向かって成功したということでしょう。それが一つ目の工夫です。

その後の二つ目（三〇・四〇）と三つ目（三〇・四一〜四二）も、どういうことであるのかよくわかりませんが、ヤコブがこのようなことをしたのは、自分の家畜を増やすためでした。そして「ヤコブはますます豊かになり、多くの家畜や男女の奴隷、それにらくだやろばなどを持つようにな」（三〇・四三）りました。

こうしてラバンとヤコブの形勢は逆転し、結婚とその後の生活を巡って、だまされてきたヤコブが工夫と知恵をもって、それまでの働きに対する報酬と独立のための資産を確保していきました。ラバンは、何度も条件を変えて、ヤコブの取り分を減らそうとしました（三一・七〜八参照）。しかし神はそれをお許しにならない。それどころか、その度に、ヤコブは豊かになっていきました。

ヤコブの脱走

だんだんと豊かになっていくヤコブに対し、ラバンとその息子たちの感情は険悪になっていきました。嫉妬もあったことでしょう。ラバンの息子たちはヤコブについての悪い噂を流しました。「ヤコブは我々の父のものを全部奪ってしまった。父のものをごまかして、あの富を築き上げた」（三一・一）という噂です。ラバンの態度も硬化していきます。

そうした中、主がヤコブに語りかけます。「あなたは、あなたの故郷である先祖の土地に帰りなさい。わたしはあなたと共にいる」(三一・三)。

この言葉は、二八章一五節の言葉と対になっています。この帰還命令は、あの時の「見よ、わたしはあなたと共にいる。あなたがどこへ行っても、わたしはあなたを守り、必ずこの土地に連れ帰る。わたしは、あなたに約束したことを果たすまで決して見捨てない」という約束がまだ無効になっていなかったことを示すものです。

ラケルとレアの同意

そしてラケルとレアに告げます。ほかの人に聞かれないように、二人を「野原に呼び寄せ」(三一・四)ました。

「最近、気づいたのだが、あなたたちのお父さんは、わたしに対して以前とは態度が変わった。しかし、わたしの父の神は、ずっとわたしと共にいてくださった。」(三一・五)

「あなたたちも知っているように、わたしは全力を尽くしてあなたたちのお父さんのもとで働いてきたのに、わたしをだまして、わたしの報酬を十回も変えた。しかし、神はわたしに害を加えることをお許しにならなかった。」　（三一・六～七）

「しかし」が二度出てきます。そして「しかし」以下の言葉がヤコブの支えとなったということがわかります。ヤコブの信仰の告白と言えます。どんなに自分に意地悪をされても、それが自分に益となるように神様のほうが、状況を変えてくださったということです。

ヤコブの決意を聞いたレアとラケルは賛同し、ヤコブとその神に従うと告げます。

「父はわたしたちを売って、しかもそのお金を使い果たしてしまったのです。神様が父から取り上げられた財産は、確かに全部わたしたちと子供たちのものです。ですから、どうか今すぐ、神様があなたに告げられたとおりになさってください。」

（三一・一五～一六）

彼女たちも、ラバンの共同体から離れることを決意しました。ヤコブはかつて一人でラバンのもとに到着し、今、家族と財産を得て、新しく出立していくのです。この前のところ（二九・三一〜三〇・二四）では対抗意識で張り合っていましたが、ここでは仲良く一緒に行動しています。

時を定めるのは神

さて私たちは、ここから何を聞きとればよいでしょうか。

一つは、時を定められるのは神であるということです。今日のテキストの最初に、「わたしを独り立ちさせて、生まれ故郷へ帰らせてください」という言葉がありました。しかしながら、ヤコブが「今こそ」と思った「時」と、神様が定められる「時」は、同じではありませんでした。

彼は、最初は「七年間だけ」と思っていたはずです。七年も働けば十分だろう。そして七年も経てば、故郷の状況も変わっているだろうと思っていたことでしょう。しかし、あと七年働くことになりました。一四年経って、今度こそ帰れると期待したでしょうが、まだ時は満ちていなかったのです。さらにあと六年働くことになります。しかしそれは、ヤコブにとって必要な二〇年でありました。その間に財産を増やすことができたのですが、それよりも人間的にヤコブは、選ばれ、祝福を受けるにふさわしい者へと練り上げられていったのだと思います。

ヤコブはもともと兄をだまして自業自得のような形で故郷を出ざるを得なかったわけですが、この二〇年の間に、だまされるとはどういうことであるかを、身をもって経験しました。そしてだまされたからといって、悪い噂を流されたからといって、すぐに仕返ししたりせずに、神様のみ手に委ねながら、その時を待ちました。

財産を与えるのは神

二つ目は財産を与えられたのは神様であったということです。ヤコブの成功は、羊に魔法をかけるかのようにして、思いのままに操作した工夫による結果のごとくに見えます。しかし本当は、そこに神様の配慮があったからでありました（三一・五〜八）。「神はあなたたちのお父さんの家畜を取り上げて、わたしにお与えになったのだ」（三一・九）。

物語は、あたかも自然に、あるいは偶然に進展してきたかのように見えます。ヤコブは彼の親族のところへ導かれ、妻たちをめとり、裕福になりました。彼は子どもたちを得ました。しかし、すべては神様のみ心であったのです。

今日は、新約聖書ヤコブの手紙三章をあわせて読んでいただきました。ちなみに「ヤコブの手紙」のヤコブという名前は、創世記のこのヤコブに由来するものです。

あなたがたの中で、知恵があり分別があるのはだれか。その人は、知恵にふさわしい柔和な行いを、立派な生き方によって示しなさい。しかし、あなたがたは、内心ねたみ深く利己的であるなら、自慢したり、真理に逆らってうそをついたりしてはなりません。

（ヤコブ三・一三〜一四）

創世記のヤコブの行動を見ていると、自分をだまして利用しようとするラバンに対して、この世の知恵で対抗しようとする傾向があるように思いますが、そこでこそ利己的であってはならないのでしょう。

そのような知恵は、上から出たものではなく、地上のもの、この世のもの、悪魔から出たものです。ねたみや利己心のあるところには、混乱やあらゆる悪い行いがあるからです。上から出た知恵は、何よりもまず、純真で、更に、温和で、優しく、従順なものです。憐れみと良い実に満ちています。偏見はなく、偽善的でもありません。義の実は、平和を実現する人たちによって、平和のうちに蒔かれるのです。
（ヤコブ三・一五～一八）

神からの報酬

ヤコブは、ラバンからの報酬を問題にしていましたが、ここで与えられる報酬は、深いところで、実は神様からのものでありました。神様からの報酬は、私たちの労働の対価と必ずしも一致しません。それをはるかに超えたものです。

イエス・キリストの語られた天の国のたとえである「ぶどう園の労働者のたとえ」（マタイ二〇・一～一六）を思い起こします。ぶどう園の主人は、夜明けから来た者にも、正午に来た者にも、夕方来た者にも、同じ一デナリオンを報酬として与えました。神様は、恵もうとするものを恵むことができる。報酬は神が与えられる。それは恵みである。そのことを、この物語を通しても聞きとりたいと思います。

「わたしはベテルの神である。かつてあなたは、そこに記念碑を立てて油を注ぎ、わたしに誓願を立てたではないか。さあ、今すぐこの土地を出て、あなたの故郷に

帰りなさい。」（三一・一三）

ヤコブはこの約束の言葉を聞いて出発の決心をします。私は、ヤコブがこの二〇年間で得た最大の報酬は、この約束を信じることができた、ということではないかと思います。この世の富、豊かな財産を超えて、神様のこの豊かな約束は嘘ではない、自分と共に神様はおられる。それを信じたからこそ、出発したのでした。

それは私たちにとっても同じです。私たちも、何かがあったとき、大きなことに遭遇するとき、重大な決断をしなければならないときに、神との信頼関係に立ち返ることが許されているのです。普段は何となく信仰生活を過ごしていたとしても、そこで決断することができる。それが私たちの信仰に対する最大の報酬ではないでしょうか。

（二〇一六年一月二四日）

9 配慮

創世記三一章二二節～三二章一節
フィリピの信徒への手紙二章一四～一六節

モーセの脱出劇との対比

この箇所は、ヤコブが二〇年滞在したラバンのもとから脱出する物語です。ヤコブ物語の第二幕の終わりと言ってもよいかもしれません。ヤコブは、自分がラバンのもとを去り、故郷へ帰る決心をしたことを二人の妻、レアとラケルに告げました。彼女たちはそれを受け入れ、共に父ラバンのもとを去る決心をします。この二人も、どうやら父親の貪欲には嫌気がさしていたようです（三一・一四～一六）。

ヤコブは、義父ラバンには何も告げずに逃げることにします。正式に頼めば、ラバンはそれを承知しないであろうということを、ヤコブは経験上わかっていたのです。

ヤコブが逃げたことがラバンに知れたのは、三日目であった。ラバンは一族を率いて、七日の道のりを追いかけて行き、ギレアドの山地でヤコブに追いついた。
（三一・二二～二三）

ここには、エジプトのファラオのもとを去るモーセ一行の脱出劇と相通じるものがあります。一つ目は、前提として不当な搾取があったということです。一方はファラオによる搾取、他方はラバンによる搾取です。二つ目は怒りです。一方はモーセの怒り、他方はヤコブの怒りです。三つ目は執拗な追跡です。一方はファラオの軍隊による追跡、他方はラバンによる追跡です。そして最も大事な四つ目の共通点は、神が時を定めて、それを許可し、導かれたということです。ヤコブの脱出劇も、神が導かれたのでなければ、決して成功しなかったでしょう。狡猾で執拗なラバンのもとに屈していたに違いありません。

ただモーセの脱出劇と違うのは、ラバンはファラオほど悪くないということ、そして神はラバンをも守りのうちに置いておられるということです。神は、七日かけてようやくヤコブに追いついたラバンの夢の中に現れて、こう言いました。

「ヤコブを一切非難せぬよう、よく心に留めておきなさい。」　（三一・二四）

ラバンは、ヤコブに問いかけます。

「一体何ということをしたのか。わたしを欺き、しかも娘たちを戦争の捕虜のように駆り立てて行くとは」（三一・二六）。実際は、娘たちも自主的に出てきたのですが、父にしてみれば、そうは思えなかったのでしょう。「なぜ、こっそり逃げ出したりして、わたしをだましたのか。ひとこと言ってくれさえすれば、わたしは太鼓や竪琴で喜び歌って、送り出してやったものを。孫や娘たちに別れの口づけもさせないとは愚かなことをしたものだ」（三一・二七〜二八）。

さらにこう言います。「わたしはお前たちをひどい目に遭わせることもできるが、夕べ、お前たちの父の神が、『ヤコブを一切非難せぬよう、よく心に留めておきなさい』とわたしにお告げになった」（三一・二九）。

このお告げのせいで、ラバンはなんとか冷静さを保つことができたのだと思いますが、それはラバンにとっても意味のあることでした。そうでなければ、ヤコブへの神の守りのもと、ラバンのほうが神様に滅ぼされていたかもしれません。ラバンもまた、神の配慮のもとに置かれていたのです。

ラバンの家の「守り神」を盗む

ラバンにとっては、交渉を有利に進める材料がありました。それは家の守り神の像がヤコブの出発と共に紛失したということです。ラバンは、一行の誰かがそれを持ち出したに違いないと睨《にら》んでいます。実際、ラケルがそれを持ち出していました。三一章一九節に、「そのとき、ラバンは羊の毛を刈りに出かけていたので、ラケルは父の家の守り神の像を盗んだ」とあります。

ラバンはこの問題をもち出します。

「父の家が恋しくて去るのなら、去ってもよい。しかし、なぜわたしの守り神を盗んだのか」(三一・三〇)。ラバンにとっては、これがヤコブを非難する切り札でした。ただしヤコブには身に覚えのないことです。彼は、穏やかにこう切り返します。

「わたしは、あなたが娘たちをわたしから奪い取るのではないかと思って恐れただけです。もし、あなたの守り神がだれかのところで見つかれば、その者を生かしてはおきません。我々一同の前で、わたしのところにあなたのものがあるかどうか調べて、取り戻してください。」
（三一・三一〜三二）

強気です。この像は、テラフィムと呼ばれ、一〇センチかせいぜい二〇センチ程度の、さほど大きくないものです。

これを聞いていた盗みの犯人ラケルは、きっと冷や汗ものであったことでしょう。ラバンは、天幕をくまなく探しましたが、どうしても見つかりません。ついにラケルのところに来ました。

ラケルは、ラバンの言葉を聞いてすぐに、その「守り神」をらくだの鞍の下に入れ、その上に座っていました。そしてラバンに向かってぬけぬけとこう言うのです。

「お父さん、どうか悪く思わないでください。わたしは今、月のものがあるので立てません。」
（三一・三五）

生理中だということです。当時の社会では、生理中は宗教的に不浄な期間で、男性は触れてはならないとされていました。「女性の生理が始まったならば、七日間は月経期間であり、この期間に彼女に触れた人はすべて夕方まで汚れている」（レビ記一五・一九）。

聖書で律法ができるのは、創世記の時代よりもっと後のことですが、それは中近東の共通理解であったようです。女性差別と思える事柄ですが、ラケルはそれを逆手に利用しました。父親は、まんまと娘にだまされます。したたかな女です。この父にしてこの娘あり、という感じもします。そう言えば、かつては彼女の夫であるヤコブも、ぬけぬけと父親を欺き、祝福を奪い取ったのでした。この夫にしてこの妻あり、とも言えます。

「守り神」のもつ意味

それほどまでに大事な「守り神」とは、一体何だったのでしょうか。それを持ち出すこと、奪われることにはどういう意味があったのでしょうか。素直にラケルに好意的に読めば、旅の安全を、その守り神に託そうとしたようにも思えますが、そう単純でもなさそうです。金でできているなど、金銭的に価値のあるものでもなさそうです。

一九二五年から三一年にかけて行われた古代アッシリアの都市ヌージーの遺跡の発掘で発見された紀元前一五世紀ころの文書から、当時の族長間では、このテラフィム像を持っている者が財産を相続する習慣だったことがわかったそうです（『創世記　聖書共同研究』二五八頁）。紀元前一五世紀と言えば、ちょうどヤコブたちの時代です。つまりラケルは、夫のヤコブか、自分の息子を合法的な財産相続者にさせることを企んだということが考えられます。ですから他の何も持たないでも、これを盗もうとしたのであり、ラバンも最も大事なものを盗まれたと怒ったのでしょう。

「守り神」とヤハウェの対比

さてこのテラフィムのエピソードには、もう一つの意味があります。それは、聖書の神と、テラフィムの対比です。一方は、家の守り神と言われながら、全く無力です。ラケルの腰の下に封じ込められても何もすることもできません。何の力ももたない偶像です。それが家の所有権を示すものだとしても運ばれるまま、なされるがままです。所有者の思いどおりにしか動くことができない。

ヤコブはラバンに向かってそれを指して「あなたの守り神」と言っています（三一・三二）。他方ラバンはヤコブに向かって、ヤコブの神を「お前たちの父の神」と呼んでいます（三一・二九）。「お前たち」と複数形ですが、これはヤコブ以外の誰を指しているのか。ラケルやレアなのか。それともヤコブの父イサクや祖父アブラハムのことなのか。いずれにしろ、この神のせいでラバンは行動を制限されるのです。逆に言えば、この神にヤコブは守られてきたのです。そして今も守られている。

ラバンはヤコブに対して、「ひどい目に遭わせることもできる」（三一・二九）と言いますが、実際にはできません。この言葉は、イエス・キリストに対するピラトの言葉、態度を彷彿とさせます。えらぶっている。権威主義的。しかし実際はどうすることもできないのです。そして目の前にいる男のうしろにある陰におびえているのです。

ピラトは、裁判に立たされたイエスが黙って口を開かなかったので、イエスに向かってこう言いました。


「わたしに答えないのか。お前を釈放する権限も、十字架につける権限も、このわたしにあることを知らないのか。」（ヨハネ一九・一〇）

しかし実際には、ピラトにはどうすることもできませんでした。表面的に支配しているように見える者よりも、神様が上に立ってすべてを導いておられたからです。

労苦と悩みを目に留める神

テラフィム像が見つからなかったものですから、今度はヤコブが反撃に出ます。攻守逆転です。それまで黙っていたヤコブが、二〇年間のうらみつらみをぶちまけます。「わたしに何の背反、何の罪があって、わたしの後を追って来られたのですか」という言葉に始まり、これまで言えなかったこと、言わなかったことを堰《せき》を切ったように言うのです。その後半は、特に切々と訴えかけるものがあります。

「わたしはしばしば、昼は猛暑に夜は極寒に悩まされ、眠ることもできませんでした。この二十年間というもの、わたしはあなたの家で過ごしましたが、そのうち十四年はあなたの二人の娘のため、六年はあなたの家畜の群れのために働きました。しかも、あなたはわたしの報酬を十回も変えました。もし、わたしの父の神、アブラハムの神、イサクの畏れ敬う方がわたしの味方でなかったなら、あなたはきっと何も持たせずにわたしを追い出したことでしょう。神は、わたしの労苦と悩みを目に留められ、昨夜、あなたを諭されたのです。」

（三一・四〇～四二）

ここにヤコブを守ってきた神の姿がよく表れています。それは「労苦と悩みを目に留められ」る神です。

今日はフィリピの信徒への手紙をあわせて読んでいただきました。

何事も、不平や理屈を言わずに行いなさい。そうすれば、とがめられるところのない清い者となり、よこしまな曲がった時代の中で、非のうちどころのない神の子として、世にあって星のように輝き、命の言葉をしっかり保つでしょう。

（フィリピ二・一四〜一六）

このパウロの言葉は、ヤコブが二〇年間、労苦と悩みを抱えつつも、信仰によってそれに耐え、それを乗り越えて来た経験に通じるものがあります。神様はその間もずっとヤコブを守り、ヤコブに付き添い、二〇年間を共に歩んでこられたのでした。

平和的解決

ヤコブの言葉を聞き、ラバンは冷静になって、ラバンのほうからヤコブと契約を結ぼうと言い出しました。

石を記念碑として立てるのです。「ヤコブは一つの石を取り、それを記念碑として立て、一族の者に、『石を集めてきてくれ』と言った。彼らは石を取ってきて石塚を築き、その石塚の傍らで食事を共にした」(三一・四五〜四六)。

この契約は、ラバンの主導によって行われましたが、神が背後で導いておられました。ラバンは最後のところで我に返り、平和的に契約を結び、「ここまではわたしのところ、ここから先はお前のところ」と分け合うのです。それはかつてアブラハムがロトと別れたときと似ています(一三章参照)。彼らは石塚を立て、その傍らで食事をしました。共に食事をするというのは和解のしるしです。

神のドラマは進む

神様はラケルのしたことをご存じなかったはずはありません。ラケルのしたことも知りつつ、ラケルよりも上に立っておられる。テラフィムよりも上におられる。もちろんラバンよりも、ヤコブよりも上におられる。神様は、すべてを知っておられる。しかしラケルの罪を暴かない。むしろそれを積極的に利用しながら、ヤコブの交渉が有利になるようにと導いていくのです。

またこれまで、姉娘のレアと妹娘のラケルがあれほど対立していたのに、ここでは共通の敵（父親ではありますが）に向かって共同戦線を張っています。
そうしたすべては人間的な駆け引きのような物語ですが、その背後にあって、神様のドラマが不思議な形で進行していました。表面的に見たのではわからない、神様の意図というものが、ここにもあると思います。
私たちの人生、社会にも、どろどろした人間関係の重なり合いのような事柄がたくさんあります。しかしパウロは言いました。

こうしてわたしは、自分が走ったことが無駄でなく、労苦したことも無駄ではなかったと、キリストの日に誇ることができるでしょう。（フィリピ二・一六）

自分のやってきたことが無駄であったように思えるとき、労苦したことが無駄であったように思えるとき、実は決して無駄ではなく、神様には何か意図があって、回り道をさせられたのだということを信じたいと思います。根源的なところで、神の配慮のもとにあり、正しい神がそれを導いておられるのです。

（二〇一六年二月二八日）

10 和解

創世記三二章二〜二二節
マタイによる福音書五章二三〜二六節

ヤコブの心配

ヤコブは、二〇年におよぶ辛かった異国での生活から解放されて、いよいよ夢にまで見た故郷へ帰ることになります。伯父ラバンのもとで苦労させられて、ラバンのもとを離れるときも逃げるようにして出てきました。ラバンは追いかけてきましたが、和解をし、ラバンも納得して、あいさつをして別れてきました。ヤコブはもう戻ることはできません。前進のみです。しかしここで彼は、どうしても通らなければならない危機があることを知っています。それは兄エサウに会わなければならないということでありました。

彼は二〇年前に兄エサウをだまし、長子の権利を奪い、兄が受けるはずであった祝福も奪い取ってしまいました。そのためにその兄に殺されそうになって、故郷を離れたのです。それがこの二〇年の間もずっと心に引っかかっていました。

今でも兄は私のことを憎んでいるだろうか。今でも私を殺そうと思っているだろうか。もう二〇年以上も経っているから、許してくれるだろうか。いや普段は忘れていても、いざ帰ってくると、昔の感情がむらむらとよみがえってくるのではないだろうか。そういう考えが行きつ戻りつして、不安でいっぱいでありました。

神の陣営

ヤコブが旅を続けていると、突然、神の御使いたちが現れた。ヤコブは彼らを見たとき、「ここは神の陣営だ」と言い、その場所をマハナイム（二組の陣営）と名付けた。（三二・二〜三）

短い記述ですが、大きな意味をもっています。これまでもヤコブが度々経験したように、ここでも神が彼の先に立って待っておられたのです。「神の御使いたち」というのは、ヤコブの旅を守り続ける「守護天使」（マタイ一八・一〇参照）のような存在でしょうか。神がその守護天使たちを遣わしてくださった。「陣営」というのは軍事的な言葉ですが、ここではまさに、敵の脅威から守ってくれる警護部隊のような守りを必要としていたのです。また「陣営」という言葉は、ある領域を表しています。つまりここは神の守りのもとにある地域で、安全な場所だという含みがあるのでしょう。

神は思いがけないところで待っていてくださるお方です。ヤコブは不安でたまらず、兄エサウに対面したとき、危機をどううまく切り抜けることができるか、そのことで頭がいっぱいです。しかし神はすでにその彼の心配を知っておられます。神の軍勢、天使の群れはヤコブの前に待っていて、「安心して国へ帰りなさい」と告げるのです。

宗教改革者カルヴァンは、この箇所を最もよく説明しているものとして詩編三四編を挙げています。

わたしは主に求め
主は答えてくださった。
脅かすものから常に救い出してくださった。
主を仰ぎ見る人は光と輝き
辱めに顔を伏せることはない。

この貧しい人が呼び求める声を主は聞き
苦難から常に救ってくださった。
主の使いはその周りに陣を敷き
主を畏れる人を守り助けてくださった。
（詩編三四・五～八）

私たちの人生の道行きにも、神が伴い、私たちを守ってくださる。特に危機に瀕しているときに、神は共にいて守ってくださる。どんなこの世の軍勢よりも心強い天の軍勢が味方をしてくださる。そのことを心に留めたいと思います。

使いの派遣と二組に分けること

ヤコブは、どのようにして兄エサウに会うのが一番よいか、あれこれと考えます。彼は、まず使いの者を送り、自分が帰ることをあらかじめエサウに伝えました。

「あなたの僕ヤコブはこう申しております。わたしはラバンのもとに滞在し今日に至りましたが、牛、ろば、羊、男女の奴隷を所有するようになりました。そこで、使いの者を御主人様のもとに送って御報告し、御機嫌をお伺いいたします。」
（三二・五～六）

卑屈なほどに丁寧な言葉遣いです。これは、彼の素直な気持ちなのでしょうか。それとも策略家ならではのヤコブの作戦なのでしょうか。恐らく彼にもわからない。何とか許してもらいたいという気持ちから自然にこういう言葉遣いになったのだと思います。和解をしたいのは本音でしょう。彼は謝ってはいません。しかし兄エサウが怒っても無理はないという気持ちは表れていると思います。そしてこの用心深さは、彼の恐れがそれほど強かったことを示しています。

使いの者が帰ってきました。「兄上のエサウさまのところへ行って参りました。兄上様の方でも、あなたを迎えるため、四百人のお供を連れてこちらへおいでになる途中でございます」（三二・七）。

この返事は、ヤコブをかえって不安にさせました。彼は思い悩んだ末に、連れている人々を二組に分けることにします。エサウの一行を挟み撃ちするためではありません。エサウが一方の組に攻撃をしかけても、残りの組は助かるようにと考えたのです。この二組の陣営というのは、三節に出てくる「神の陣営」に関係しています。聖書のこの箇所が書かれたときには、この地方はすでに「マハナイム」という地名でありました。そして、この地方がそう呼ばれるようになったのには、こういう背景があったのだという説明のようなエピソードです。こういう話は「原因譚《たん》」と呼ばれます。

ヤコブの祈り

それでもヤコブの不安は収まりません。彼は祈りました。これは、創世記の中に出てくる最も長い祈りです。この祈りには、いくつかの特徴があります。そして大事なことを指し示しています。

まず彼は、この旅が神の約束に従ったゆえの旅であることを神に訴えました。

「わたしの父アブラハムの神、わたしの父イサクの神、主よ、あなたはわたしにこう言われました。『あなたは生まれ故郷に帰りなさい。わたしはあなたに幸いを与える』と。」

（三二・一〇）

そして感謝の言葉を述べます。

「わたしは、あなたが僕に示してくださったすべての慈しみとまことを受けるに足りない者です。かつてわたしは、一本の杖を頼りにこのヨルダン川を渡りましたが、今は二組の陣営を持つまでになりました。」（三二・一一）

神様の「慈しみとまこと」、言い換えれば愛と真実に対して、自分がそれを受けるのにふさわしくない者であると自覚することは、信仰の第一歩です。

たとえば、マタイ福音書八章に登場する百人隊長は、それを自覚していました。彼の僕が中風で苦しんでいたとき、主イエスが「わたしが行って、いやしてあげよう」と言われたにもかかわらず、百人隊長は「わたしはあなたを自分の屋根の下にお迎えできるような者ではありません」と言いました。これが信仰の第一歩です。しかし続けて、彼は「ただ、ひと言おっしゃってください。そうすれば、わたしの僕はいやされます」と言いました。そう信じることができたところに、彼のより深い信仰がありました（マタイ八・五〜一三）。

慈しみとまことは、それを受けるにふさわしくないと知っている低さ、弱さの中でこそ働くのです。

そしてヤコブは、率直に懇願します。

「どうか、兄エサウの手から救ってください。わたしは兄が恐ろしいのです。兄は攻めて来て、わたしをはじめ母も子供も殺すかもしれません。」（三二・一二）

祈りは本音を語ってよいのです。祈りにおいてまで、神様の前で建前を語る必要はないでしょう。神はそれを受け止めてくださいます。もっともそれがどういう形で応えられるかはわかりません。それは神様のみ手の中にあります。最後に再び神の約束を引き合いに出して締めくくります。

「あなたは、かつてこう言われました。『わたしは必ずあなたに幸いを与え、あなたの子孫を海辺の砂のように数えきれないほど多くする』と。」（三二・一三）

こう祈りながら、彼は自分に向かっても「だからきっと大丈夫だ」と言い聞かせていたのかもしれません。

彼は祈りにおいても、相手がそれを聞かざるを得ない、言葉を変えれば、従わざるを得ないような強引さ、執拗さで迫ってきます。彼は、この後、再び、人間的策略に戻っていきますが、兄エサウに会う準備としては、この祈りこそが最も大事なものであったということができるでしょう。

和解のための最大限の努力

彼は和解のために自分の家畜の中から兄への贈り物を選びます。そして贈り物をいくつかの群れに分け、それぞれの群れの者に、「兄に出会ったら、『これはお兄さんへの贈り物です』と言いなさい」と告げます。償いの気持ちと何とか生き延びたい、そして争いを避けたいという気持ちが入り混じっています。どこまでが人間的な思いで、どこからが信仰的な思いであるかも区別できません。まさにそこがヤコブのヤコブらしいところです。

このヤコブの態度をどう評価するか。否定的に人間的な策略ということもできるでしょう。しかし私は、このようなヤコブの態度は、今日の世界において、大きな意義があるのではないかと思います。ヤコブは、衝突を避けるためにできる限りのことをしました。争いを避け、血を流さないことを最優先しました。どんな手を使ってでも和解を優先する。戦いに勝つことを優先する社会では、ヤコブの態度は臆病に映るかもしれません。ヤコブの行動は不安の裏返しでもあります。神が自分の側におられることを信じるならば、不信仰に映るかもしれません。しかしそれでもよいと思うのです。

それは現代のように、武器が進化し、ひとたび戦争になれば、取り返しがつかないほど甚大な被害を及ぼすことになる社会では特に重要です。大勢の関係のない人を巻き込んでしまう。子どもたちが大勢死んでしまう。何十万人という難民が出てくる。難民キャンプの子どもたちのほとんどは学校へ行くこともできません。神がそれをよしとされるはずがないと私は思います。とにかく何を置いても和解のテーブルに着かなければならない。私たちは、もうそれしか生き残る道がない世界に生きているのです。

エサウは四百人を引き連れてヤコブを威嚇しようとしたのかもしれませんが、ヤコブはそれに対して、逆に威嚇し、けん制する道をとるのではなく、とにかく衝突を避けます。兄に自分の気持ちを理解してもらいたい。そのためにはどうすればよいかを探ったのです。ヤコブは「兄は攻めて来て、わたしをはじめ母も子供も殺すかもしれません」と訴えましたが、まさに彼一人の問題ではないのです。

兄弟が反感をもっているなら

今日は、マタイ福音書の山上の説教の言葉を読んでいただきました。

イエス・キリストは、自分が反感を捨てるだけではなく、「兄弟が自分に反感を持っているのをそこで思い出したなら、その供え物を祭壇の前に置き、まず行って兄弟と仲直りをし、それから帰って来て、供え物を献げなさい」（マタイ五・二三〜二四）と言われました。また「あなたを訴える人と一緒に道を行く場合、途中で早く和解しなさい」（マタイ五・二五）と言われます。

世界には深刻な対立、深刻な亀裂があります。利害関係がからみあう対立の中、争っている国同士、民族同士、地域同士が和解のためにできる限りのことをする必要があるでしょう。

また私たちは、しばしば自分に反感をもっている人との関係を遮断し、無関心でいようとします。「怒りたければ、勝手に怒らせておけ」と。しかしそれは、ある意味では、心から憎いと思うときよりも、もっと深刻であるかもしれません。マザー・テレサが言ったように、愛の反対は憎しみではなく、無関心であるからです。

約束の国に入るひたむきさ

さてヤコブにとって、兄に会う準備をすることは、同時に約束の地に入る準備でもありました。私たちはヤコブの約束の国に入るためのひたむきさも学ぶべきでしょう。

ルカによる福音書に、「不正な管理人」のたとえがあります(ルカ一六・一〜七)。もうやめさせられることが明白になった管理人は、まだとりあげられていない力、管理人としての権限を用いて、知り合いの借金を、主人に内緒で帳消しにしたり、割引にしたりしてやって、自分がやめさせられたときに困らないように、友人を作りました。

ところが、どういうわけかこの管理人の不正なやり方を主人はほめたというのです。そして主イエスは、「この世の子らは、自分の仲間に対して、光の子らよりも賢くふるまっている。そこで、わたしは言っておくが、不正にまみれた富で友達を作りなさい。そうしておけば、金がなくなったとき、あなたがたは永遠の住まいに迎え入れてもらえる」(ルカ一六・八〜九)と語られました。この時のヤコブにも、それに似たひたむきさがあったのではないでしょうか。


(二〇一六年四月一七日)

11 格闘

創世記三二章二三〜三三節
ルカによる福音書二二章三九〜四六節

神的な力をもつ謎の相手

ヤコブは故郷に帰る道、兄エサウに会うためにできる限りのことをしました。兄へのプレゼントを用意し、自分が行くよりも先にそれを届けて、兄の気持ちをなだめようとしました。神にも真剣に祈りました。そこでヤコブは、兄エサウに会う前に、もうひとつの特別な出会いを経験することになります。それは、彼が全く予期しない出会いでありました。

彼は、その日の夜、ヤボクの渡しと呼ばれるところに来て、家族全員、自分が導いて川を先に渡らせます。そして一人だけ残りました。その時、何者かが彼に闘いを挑んで、翌朝までヤコブと格闘したというのです。この物語をさかのぼれば、これに近い伝説は聖書以前にもあったようです。

ある川の渡しに一人のデーモンともいうべき恐ろしい魔物が住んでいる。しかしそれは夜だけの存在であって、日が昇れば姿を消さなければならない。夜、川を渡ろうとする者には襲いかかる。普通はデーモンが勝つのであるが、ある夜そのデーモンと闘って屈せず、ついに打ち負かした英雄がいた。

ほぼそのような輪郭の物語があったと考えられます。それがヤコブ物語と重なり合ってきます。そこには、さまざまな伝承があるので、物語は必ずしもきちんと整合していません。矛盾するような記述もあります。

ちなみに、ホセア書には次のような文章があります。

ヤコブは母の胎にいたときから
　兄のかかとをつかみ
力を尽くして神と争った。
神の使いと争って勝ち
泣いて恵みを乞うた。

（ホセア書一二・四～五）

「勝ち」というのは「しぶとく耐え抜き」というほどの意味ですが、このヤコブ伝承は、創世記のヤコブ物語よりも古い可能性があります。そうだとすれば、「デーモンとの出会い」云々というよりは、「ヤコブが神の使いと争い、負けなかった」というヤコブ理解がもともとあったのではないかというふうにも考えられます。

ヤコブと闘った相手が誰であるか。エサウが「ヤコブがやって来た」と知って、到着する前夜に闘いを挑んだということも考えられます。エサウは顔を見られるとまずいのです。物語は、そうした可能性について肯定も否定もしていません。ただ多くの解釈は、そうはとりません。もしもたとえそれがエサウであったとしても、ここにはエサウ以上の力、つまり神的な力が働いているのは確かです。神の力をおびた者、あるいは神ご自身がここでヤコブと格闘したということです。ヤコブは兄をなだめたいと思って、昼間真剣に神に祈りましたが、その神がこういう形でヤコブと出会い、応えられたということもできるでしょう。ヤコブの祈りはむなしい独り言ではなかったのです。

この格闘がどういうものであったのかについても、聖書には何も書いてありません。素手で闘ったのか、剣のようなものを持っていたのか。ただそれが一晩中続いたということだけです。ヤコブはエサウのように野性的ではありませんが、力持ちであったようです。かつてラケルとの初対面の時には、二人か三人がかりでなければ持ち上がらないような井戸の上の石を一人で持ち上げました（二九・二～三、一〇）。

クリスマスの予兆

ヤコブはその手ごわい謎の相手と引き分けるような形になっていきます。どちらも自分の思い通りにすることができません。しかし相手が神であったとするならば、ヤコブが引き分けにもち込んだということは一体何を意味するのでしょうか。ヤコブがどんなに力持ちであったとしても、神の前では何の役にも立たないはずでしょう。一人の人間によって引き分けにまでもち込まれる神とは、一体どういう神なのでしょうか。また逆に、神を相手に格闘して引き分けにもち込む人間とは、一体何者なのでしょうか。そうした不思議な格闘の、この物語自体が、尋常ではありません。何かとてつもないこと、それまでなかったような何かが、ここで起こっているのです（ブルッグマン『創世記』四四九頁参照）。

私は、この物語はまさにクリスマスの出来事を指し示していると思います。ここで起こっているのは、神の力をもった存在が天から地上へと降りてきて、人間と接触をもったということだからです。その存在は不思議さ、神秘に満ちています。それは神のようでもあり、人のようでもある。神が人のような形で、人と接触し、そして祝福を与えるのです。それはクリスマスの大事な何かを映し出しているのではないでしょうか。

その人はヤコブに勝てないとみて、ヤコブの腿の関節を打ったので、格闘しているうちに腿の関節がはずれた。（三二・二六）

相手は、ヤコブの腿の関節をはずす力を持っています。ヤコブはその時に、「自分とこれだけの勝負をし、しかも自分の関節をはずすとは、この相手はただ者ではない。もしかして神か、その使いか」と悟ります。そう思うヤコブも、よほどの自信家と言えるでしょう。

二人の対話――謎の相手から

二人は闘いに疲れ果て、仕方なく話し合います（三二・二六～二九）。

まず、謎の相手から話しかけました。「もう去らせてくれ。夜が明けてしまうから」。

「いいえ、祝福してくださるまでは離しません」（三二・二七）。

この最初の問答ではヤコブのほうが優位に立っており、彼自身そのことを知っています。彼は巧みにその状況を利用して、祝福を得ようとします。二七章以来、彼が祝福を得るためにはどんなことでもする男であったことを、私たちは知っています。今、彼はもっと大きな祝福を求めています。しかしながらさしあたっては、その要求は無視されます。謎の相手は、ヤコブが格闘についても話し合いについても、一筋縄ではいかないということを悟っています。そして話題を変えてきます。

第二の問答も謎の相手から始まります。「お前の名は何というのか」。彼は「ヤコブです」と答えました。「お前の名はもうヤコブではなく、これからはイスラエルと呼ばれる」(三二・二九)。

ここでは謎の相手のほうが優位に立ちます。結末は新しい名前です。「ヤコブ」という名前は、「かかと、陰謀をたくらむ者、一杯食わす者、乗っ取る者」を意味していました。それは、ただ言葉だけではなく、彼の生き方を表すものでした。

「イスラエル」という言葉の語源にはさまざまな説があります。「神、支配したもう」、「神、保持したもう」、「神、守りたもう」などです。しかしそれが何であれ、新しい存在が呼び出されている、ということが肝心です。「イスラエル」とは、神に直面し、神によって触れられ、克服され、祝福され、再び命名された者と言えるでしょう。

ここには、神とイスラエル（ヤコブ）のどちらが強いか弱いか、要するに、どちらが勝ったのかという単純な整然とした結果はありません。そうしたことはすべて、未解決のままです。しかしそれでいて、以前は手に入れることのできなかった可能性が「イスラエル」に開かれています。祝福が与えられるときに、神の力のある部分が「イスラエル」という新しい存在に委ねられています。そしてそのように、彼は変えられて、新しい力をもつのです。

二人の対話――ヤコブから

第三のやり取りは、ヤコブのほうから始められます。

「どうか、あなたの名前を教えてください。」（三二・三〇）

彼は役割を逆転し、まさに自分の名前が尋ねられたように、あえて相手の名前を尋ねます。彼はここで自分と闘っているのは天地を創った方と関わりがあることを知っています。その神秘である神の名を知りたがっているのです。謎の相手は「どうして、わたしの名を尋ねるのか」。そう言って、それには答えずに、その一つ前の「祝福してください」という要求にさかのぼり、ヤコブを祝福して立ち去るのです。

この謎の相手は、ヤコブに対して自分の名を教えることまではしませんでした。神秘さは失われていません。ヤコブの手中に入ったわけではありません。一方、ヤコブのほうはこの格闘によって変わりました。彼はこれまでのヤコブとは違った存在になっていました。今や彼は「イスラエル」という存在です。のちのイスラエル民族は、そこに自分たちを重ね合わせ、神と自分たちの関係の原型を、そこに見たのでした。

不自由さの中で恵みを覚える

三〇～三二節には、その出来事の直後のヤコブの感想、思いが述べられています。翌朝、そこにいるのは同じ人間ですが、彼は二つの点で、決定的に変えられていました。ひとつは新しい名前をもっているということです。彼は単に名前が変えられただけではなく、新しい積極的なアイデンティティーをもったのです。それは私たちがクリスチャンになるときにも同じことが言えるかと思います（一七三頁参照）。

第二は、足を不自由にされたということです。それは、彼が恵みを受けた代償とも言えるものです。ヤコブは、その後、足が不自由なものとなりました。彼はもはや自由に歩き回ることができません。彼にとってその後の人生を歩む上で、それは大変重いことであったでしょう。しかしその不自由な足は祝福のしるしでした。その不自由さの中に、神の力が宿っていました。この格闘が終わったとき、ヤコブにとってエサウとの問題は、すでに解決していたと言えるでしょう。

神と顔を合わせる

ヤコブは、こう述べています。

「わたしは顔と顔とを合わせて神を見たのに、なお生きている。」　（三二・三一）

そしてその場所をペヌエル（神の顔）と名付けました。人は神の顔を見ると、その神聖さのゆえに、滅ぼされてしまうと言われていたことが前提になっています。

このヤコブの言葉もまたクリスマスを指し示しています。なぜなら、クリスマスは、私たちが本来見ることができない神が、私たちにわかるようになるために、人の形になって、つまり見える形でもって、私たちの世界に来てくださったということを思い起こすときだからです。

私たちは、イエス・キリストを通して神と出会うようになり、神はそれほど身近になりました。私たちはそこで直接触れながら、祝福を受ける存在になりました。それがインマヌエル（神が私たちと共におられる）という言葉が示すものです（マタイ一・二三参照）。

神は、ヤコブの祈りに応えて、わざわざ出会ってくださったように、私たちの不安、恐怖に対しても、それをそのまま放置なさらず、神様のほうから出かけてくださって、私たちと直接接触をもってくださいます。そこで私たちは、自分の不安、恐れをぶつけることが許されています。私たちのそのような祈りは、時に格闘のようなものでしょう。

主イエスご自身が十字架にかかられる前夜、オリーブ山（またはゲッセマネ）で、まさに格闘のような祈りをされました。先ほど読んでいただいたルカ福音書では、「イエスは苦しみもだえ、いよいよ切に祈られた。汗が血の滴るように地面に落ちた」（ルカ二二・四四）とありました。「すると、天使が天から現れて、イエスを力づけた。」（同四三節）という表現も、先ほど申し上げたように、天から神様ご自身が近付き、出会ってくださるということを彷彿《ほうふつ》とさせます。

神の名

ヤコブは謎の相手の名前を聞こうとしました。それは、神の名を聞こうとしたと言ってもよいでしょう。しかし、それには答えられませんでした。人が神の名を知るのは、モーセの時まで待たなければなりませんでした。

モーセは、神様から「エジプトへ行きなさい」と命じられたとき、「彼らに、『あなたたちの先祖の神が、わたしをここに遣わされたのです』と言えば、彼らは、『その名は一体何か』と問うにちがいありません。彼らに何と答えるべきでしょうか」と問いました（出エジプト記三・一三）。

恐らくモーセ自身も、いやモーセ自身のほうが、自分に語りかけている神の名を知りたかったのに違いありません。しかしそう簡単には教えてもらえないとわかっていたので、「今あなたから与えられた任務を遂行するために、どうしてもあなたの名を知っておく必要がある」という条件のようにして尋ねたのでしょう。それに対して神様は、「わたしはある。わたしはあるという者だ」（出エジプト記三・一四）と明かされました。「ヤハウェ」という神の名は、この言葉に由来します。また神は、「あなたたちの先祖の神、アブラハムの神、イサクの神、ヤコブの神である主がわたしをあなたたちのもとに遣わされた。これこそ、とこしえにわたしの名。これこそ、世々にわたしの呼び名」と言われました（出エジプト記三・一五）。

さらに、私たちにとっては、神は「イエス・キリスト」という名前と共にあると言ってもよいでしょう。この時のヤコブの姿の中には、十字架につけられたイエス・キリストの予型があります。イエス・キリストは私たち人間の代表として、神と向き合い、私たちに勝利と祝福をもたらすために、一歩も引かず、最後まで闘い抜かれました。ヤコブの傷は腿だけでしたが、イエス・キリストの受けられた傷は死に至るものでした。しかしその死によって、勝利をもたらしてくださいました。クリスチャンとしての存在の根源はここにこそあるのです。

（二〇一六年五月二九日）

12　再会

創世記三三章一～一七節
コリントの信徒への手紙一　一三章一二～一三節

怨憎会苦《おんぞうえく》

二〇世紀の偉大な神学者カール・バルトはユーモアの持ち主としても有名でしたが、彼が語ったとされる、こういう小話があります。誰かがカール・バルトに尋ねました。「バルト先生、愛する人と天国で再会するというのは本当でしょうか」。バルトは、答えました。「本当です。でも、そうでない人とも再会します」。笑いつつ、どきっとさせられる話でもあります。

仏教に四苦八苦という言葉があります。「苦」とは、「苦しみ」というよりは「思うようにならない」ことを意味するそうです。根本的な四苦、思うようにならないことは、生《しょう》・老・病・死の四つです。それに次の四つを加えて八苦と言うそうです。それは、愛する者と別れること（愛別離苦《あいべつりく》）、怨み憎んでいる者に会うこと（怨憎会苦《おんぞうえく》）、求める物が得られないこと（求不得苦《ぐふとくく》）、体と心が思うようにならないこと（五蘊盛苦《ごうんじょうく》）。その中に怨み憎んでいる者に会うことが数えられているのは、興味深いことです。

エサウとの再会

ヤコブは今、エサウと再会しようとしています。ヤコブの場合、ヤコブが恨み憎んでいたわけではありませんが、最も会いたくない相手でした。しかしどうしても避けて通れない。あらかじめ使いの者が報告した通り、エサウは四百人の者を引き連れて向こうから近付いて来ていました。

ヤコブは子供たちをそれぞれ、レアとラケルと二人の側女とに分け、側女とその子供たちを前に、レアとその子供達をその後に、ラケルとヨセフを最後に置いた。（三三・一～二）

このような配置には、ヤコブが最も愛する者を最後において、もしもの場合には愛する者が助かるようにという思惑があったのでしょう。もちろん四百人の前では、それがどれほどの効果があるかわかりません。こちらはいわば丸腰です。ここでもまだ、ヤコブの人間的計略が働いていると言えるでしょう。しかしヤコブが変わったなと思うのは、その隊列の先頭に、ヤコブ自身が進み出たことです。彼は自分を守るために、他の人たちを盾に使うことはしませんでした。

そのようにして、ヤコブはエサウのほうへと近付いて行きました。ヤコブは「先頭に進み出て、兄のもとに着くまでに七度地にひれ伏し」(三三・三)ました。

紀元前一四世紀に由来する資料によれば、臣下の者は主君に対して、七度最敬礼するという習慣があったようです。ヤコブは七度身をかがめることによって、自分を僕と言い表し、エサウを主君として立てているということでしょう。ヤコブは、この期《ご》に及んでも、なお万全の身構えを崩しておらず、どうなっても困らないように対処しているようにも見えます。ようやく近付いて今、ヤコブは事態が変化し、エサウが彼に好意をもっていてくれることに気付きます。エサウは走り寄って来て、ヤコブを迎え、抱き締め、首を抱えて口づけをし、共に泣きました。

寛大な赦し

このエサウの態度は、ルカによる福音書一五章に出てくる「放蕩息子の父親」を彷彿とさせるものがあります。二〇年前のエサウの率直なふるまいからして、彼の態度には嘘はないと思います。和解したと見せかけて、後で襲うということはないでしょう。エサウは裏表のない人物です。ヤコブのほうは半信半疑であったかもしれません。

二〇年来の和解がここに起こっています。二人はどういう気持ちであったでしょうか。ヤコブにしてみれば、独りで憂えていたものが、出会うことによって解消されたのです。完全に予想を覆す事態の中に、ヤコブは一歩一歩神が介入してくださっていると知ったことでしょう。

エサウが優しく、「一緒にいるこの人々は誰なのか」と聞いたのに対し、ヤコブは「あなたの僕であるわたしに、神が恵んでくださった子供たちです」(三三・五)と答えました。そしてすっかり安心した妻や子供たちが近寄って来て、エサウにあいさつをします。エサウは、「今、わたしが出会ったあの多くの家畜は何のつもりか」(三三・八)と尋ねました。三二章一八節以下によれば、先に兄に知らせているので、恐らくわかっているはずだと思うのですが、あいまいな点を残すまいということでしょう。すっかり打ち解けて、ヤコブはあえてありのままを告げます。兄の好意を得るための贈り物だと言うのです。エサウは最初それを受け取るのを断り続けます。「弟よ、わたしのところには何でも十分ある。お前のものはお前が持っていなさい」（三三・九）。しかしヤコブのほうも引き下がりません。「いいえ、もし御好意をいただけるのであれば、どうぞ贈り物をお受け取りください」（三三・一〇）。

神の御顔に見える

それに続けて驚くべき言葉を語ります。

「兄上のお顔は、わたしには神の御顔のように見えます。このわたしを温かく迎えてくださったのですから。」（三三・一〇）

エサウとヤコブの二人はどちらも、「自分は十分に持っている」と言います（三三・九、一一）。それでも「受け取ってください」という。人間は欲をもち続けるので、十分に持っていても、出す必要がないものは出したくないと思うものではないでしょうか。生活に十分な物を持っていても、なかなか十分だとは思わない。もっともっと欲しいと思うものです。ここに和解が起こっています。もともとの親しい兄弟に戻っています。二人が仲直りをして、兄弟の交わりを自分たちで作ったというよりは、神が彼らの上に和解をもたらしてくださったのでしょう。ヤコブ自身がそう思っています。

先ほどの「兄上のお顔は、わたしには神の御顔のように見えます」という謎めいた言葉は何を意味するのでしょうか。単なるお世辞なのか、それとも保身のための言葉なのか。この前の章では、彼が長い闘いでもって神（聖なる存在）と対面した様子が語られていました。そのとき、彼は神に対面したために滅ぼされるかもしれないとの恐れを抱きました。しかしその後、喜びの声をあげます。「わたしは顔と顔とを合わせて神を見たのに、なお生きている」（三二・三一）。ヤコブは、今、その夜の神との出会いを、兄との出会いに関係させるのです。

聖なるみ顔を見た故に、罪ある人間である自分は死ぬかもしれないと思ったけれども死ななかったということは、そのみ顔の中に、赦しと恵みを見たということでしょう。そして今エサウの顔の中に、ヤコブは同じく赦しと恵みを見たのです。それがこの「兄上のお顔は、わたしには神の御顔のように見えます」という言葉の真意であろうと思います。

今は神による第二の贈り物として思いがけなく、エサウとの和解が与えられたのです。自分を赦してくれている兄の顔をまじまじと見ることを許されるのです。想像もしなかったことです。

私たちもまた、ヤコブとは違った意味ですが、神のみ顔を仰ぐことを許されています。み子イエス・キリストのうちに、神のみ顔を仰ぐことを許されました。イエス・キリストは「わたしを見た者は、父を見たのだ」（ヨハネ一四・九）と語られたからです。その顔を仰ぐことを許された。

兄弟姉妹の顔に神の顔を見る

ところで、キリストのうちに神の顔を仰ぐことを許された私たちは、次に私たち自身が、兄弟姉妹の顔を見ることができるようにならなければならないでしょう。兄弟姉妹との和解であります。私たちの兄弟姉妹の交わりはどうなっているでしょうか。創世記四章のカインとアベルの話を思い起こします。カインは弟アベルの献げ物が神様に顧みられ、自分の献げ物が顧みられなかったときに、「激しく怒って顔を伏せた」とありました。神はカインに向かって、こう問われました。

「どうして顔を伏せるのか。もしお前が正しいのなら、顔を上げられるはずではないか。正しくないなら、罪は戸口で待ち伏せており、お前を求める。」（四・六～七）

もはや兄弟の顔を見ようとはしない。神様の前でも顔を上げようとはしない。そしてやがてカインは弟を殺してしまう。最初は顔を見なくなり、それから憎しみが増幅していくのです。私たち人間は、その時以来、それを繰り返してきたのではないでしょうか。そして私たちの小さな人生においても、もはや顔を見ようとはしない、ということがあるのではないでしょうか。

大きな歴史のことで言えば、私たちは戦争を繰り返してきました。かつては、顔と顔とを合わせて、人間は戦争をしていました。日本でもちゃんばらの時代はそうでした。銃が登場して、戦争の仕方が変わりましたが、まだ戦い方に（変な言い方ですが）人間味が残っていました。しかし現代では大量破壊兵器というものが登場しました。相手の顔を見ることはありません。相手が誰であるか関係がないのです。相手が誰であるかわかる攻撃においても、顔を見ません。ピンポイント攻撃です。最近問題になっているのは、無人機による爆撃というものです。攻撃する側は完全に安全地帯にいるままで、命をかけることもせず、一方的に攻撃をする。

私たちは今、そういう時代に生きているということを思わざるを得ません。どうすれば、もう一度、相手の顔の中に兄弟姉妹の顔を見ることができるようになるのか。イエス・キリストによって和解をされた者は、真剣にそのことを考えて、求めていかなければならないでしょう。

会いたくない人

ここにいる皆さんは、恐らく誰かを直接殺すということはないでしょう。それでもそれぞれの生涯で、二度と顔を見たくない人というのはあるのではないでしょうか。「ない」という人は幸いです。「二度と」というほどでなくても、できれば顔を見たくない人、ということであれば、何人もの顔、少なくとも五人くらいの顔を思い浮かべることができるかもしれません。

ひそかな敵意、あるいはあからさまな敵意というものが、自分の心の中に定着してしまっている。その交わりを完全に絶ってしまっている。バルトの小話ではないですが、その人たちともやがて天国で顔を合わせるということを、冗談ではなく、想定してもよいのではないでしょうか。

肉親の中に、そういう存在があるならば、深刻です。和解をして進みゆく。この時、ヤコブがなんとかして兄と和解をして進む道を人間的にも模索し、神様との出会いの中でさらに一歩進めてきたように、私たちも進みゆかなければならないでしょう。

ヤコブは、まさに最も会いたくない人物に会わざるを得なかった。しかし神様は、その避けて通ることのできない出会いをすることができるように、もう一つの出会いを、それに先立って備えてくださったのでした。

この二つの出会いは分けて見ることはできません。共通したものをもっています。ヤコブは、あのヤボクの渡しで格闘した聖なる存在の中に、恐らく兄の中の何かしらを見て取りました。今は赦してくれる兄の中に、祝福する神の何かを見るのです。「兄上のお顔は、わたしには神の御顔のように見えます」（三三・一〇）。どういうふうに、エサウの顔が神の顔に似ているのか、私たちにはわかりません。両方の中に、顔を見ても人は死ぬことはないという救いの体験があるのかもしれません。エサウの赦しの顔と神の祝福の顔は類似性をもっている。

神と兄エサウは全く別物です。全く神聖な出会いと全く世俗的な出会い。しかしこの二つの出会いはヤコブの中で切り離せない出会いであるのです。一つ目の出会いが二つ目の出会いを可能にしたのです。二つ目の出会いは、いつの日か乗り越えなければならない出会いとして、ずっとヤコブの心にありました。一つ目の出会いは全く予期しないものでした。しかしこの一つ目の出会いがヤコブを押し出しました。

和解に向けて

神様は私たちが顔を背けているにもかかわらず、憐みのゆえに、恵みをもって私たちを見てくださいます。私たちの側から言うと、神様をまだおぼろに見るようにしか見ることができませんが、神様の側からははっきり知られています。先ほど読んでいただいたコリントの信徒への手紙の中にありました。

今は、鏡におぼろに映ったものを見ている。だがそのときには、顔と顔とを合わせて見ることになる。（第一コリント一三・一二）

それは兄弟姉妹、そして親しい人、あるいは親しくなかった人とも、顔と顔とを合わせて再びまみえる日が来るということを予期させてくれるのではないでしょうか。そのためにも、私たちは、いつかこの地上であれ、天国であれ、再会の日の和解に向けてできる限りのことをしていかなければならないと思います。

私たちは第一日曜日に聖餐式を行っています。聖餐というのは、私たちの間にイエス・キリストが立ってくださって、和解をしてくださったことを祝うものであります。同時に、それは兄弟姉妹との和解を祝う、あるいは天国に先立って前祝いをする。それが聖餐式であります。

（二〇一六年六月一二日）

13 緊張

創世記三三章一八節〜三四章三一節
ローマの信徒への手紙一二章一七〜二一節

異文化との衝突

異なる文化・伝統・言葉をもつ者が出会うとき、そこには何らかの緊張が起こります。そこで相手の文化・伝統・言葉を尊敬し、一緒に過ごせるようになるには時間がかかります。普通、そのような出会いはどちらかの場所、つまり、ある文化・伝統の中に、異質な文化・伝統をもつ者が入ってくるという形で起きます。

受け入れるほうは、通常、予期も期待もしていませんので、「なんだ、あいつら、よそ者は。何をしに来たのだ」ということになります。もしもその「よそ者」が自分たちの文化を脅かす場合、いや文化ならまだしも、自分たちの経済を脅かす場合には、取り込んでしまうか、何らかの形で排除する方向へと向かうことになるでしょう。それでも受け入れようという場合には、それを超える何かの動機が必要です。人道的理由など、国家や自治体が決断する場合、一般市民は、迷惑に感じることが少なくありません。

二〇一六年六月にイギリスで行われた国民投票では、イギリスがEUから脱退することを選択しました。離脱派の主張の中心にあったのは移民問題、「これ以上、移民は受け入れられない」というものでした。アメリカの大統領選（二〇一六年一一月）でも共和党の候補者トランプ氏は、やはり同じ方向を向いています。

日本では移民・難民問題は、さほどニュースになりませんが、それは日本人がおおらかだからではなく、欧米諸国に比べれば、受け入れ数が極端に少ないからです。文化・伝統というレベルでは、まだ異文化と出合ってもいないのです。

入っていくほうは、「自分たちは受け入れてもらえるだろうか」と「恐る恐る」という気持ちでありましょう。親しく交わりながら、少しずつ溶け込んでいく努力をしなければなりません。同時に守るべきものは守り抜くというような、何らかの心の砦をもつ必要もあるでしょう。受け入れる側もただ「自分たちに融合しろ、さもなければ帰れ」ということではすまない、忍耐と包容力が求められます。そこにはいつも緊張があるのです。しかしそれを乗り越え、お互いに尊敬し合えるときに、文化はより豊かにされていきます。

シケムのそばに宿営

創世記三四章は、まさにそうした違った文化・伝統の出合いと緊張の中で起きた事件です。ヤコブは、かつてたった一人で伯父ラバンの住む土地へ入っていきましたので、異質な文化・伝統の中に入っていくことがいかに大変なことであるかを、きっと身をもって知っていたでしょう。ですから、この場所でもとても慎重です。しかしその子どもたちは、あまりにも無知で、軽率でした。

物語は三三章の終わりから始まっています。ヤコブと二〇年ぶりに再会した双子の兄エサウは、「兄弟で一緒に住もうではないか」とヤコブに呼びかけるのですが、ヤコブはそれを断りました。そしてその近くのシケムという町に住むことになります。

ヤコブはこうして、パダン・アラムから無事にカナン地方にあるシケムの町に着き、町のそばに宿営した。ヤコブは、天幕を張った土地の一部を、シケムの父ハモルの息子たちから百ケシタで買い取り、そこに祭壇を建てて、それをエル・エロヘ・イスラエルと呼んだ。

（三三・一八～二〇）

ヤコブは、自分たちの住まいは天幕であっても、礼拝をする場所だけはきちんとお金を払って買い取るのです。それは、ヤコブの経験に基づく知恵でありました。

ディナの辱めとその後

あるとき、レアとヤコブとの間に生まれた娘のディナが土地の娘たちに会いに出かけた。（三四・一）

ヤコブには、この時点で十一人の息子と少なくとも一人の娘がいました。十一人の息子のうち六人はラケルの姉レアから生まれた子どもたちでした。そしてディナもレアから生まれた娘でした。知らない町に入れば、土地の人たちと友だちになりたいと思うのは、若い人であれば素直なことでしょう。しかも彼女は町の男を求めて出て行ったのではなく、女友だちが欲しいと思ったのです。軽率であったかもしれませんが、そう責められることでもないでしょう。

しかし町の権力者の息子が彼女を辱めてしまいました（三四・二）。ただしその後の対応が興味深いのです。その男つまりシケム（町の名前と同じ）は、その後すっかり彼女にほれ込んでしまうのです。「シケムはヤコブの娘ディナに心を奪われ、この若い娘を愛し、言い寄った」(三四・三)。この当時の風習として、彼はまず自分の父親に、「どうか、この娘と結婚させてください」(三四・四)と相談しました。

一方ヤコブは、娘のディナが汚されたことを耳にしましたが、息子たちが家畜を連れて野に出ていましたので、彼らが帰るまで黙っていました(三四・五)。そこへシケムの父ハモル自らが、問題解決に向けて話し合うためにヤコブを訪ねてきます。このハモルの態度、行動は、とても紳士的であると思います。交渉の前面に立ったのは、ディナと同じ母から生まれた兄たちでした。ハモルは正直に、まっすぐに彼らと向き合います。

「息子のシケムは、あなたがたの娘さん(妹)を恋い慕っています。どうか、娘さんを息子の嫁にしてください。お互いに姻戚関係を結び、あなたがたの娘さんたちをわたしどもにくださり、わたしどもの娘を嫁にしてくださいませんか。そして、わたしどもと一緒に住んでください。あなたがたのための土地も十分あります。どうか、ここに移り住んで、自由に使ってください。」(三四・八〜一〇)

それだけではありません。シケム自身も、「どんなに高い結納金でも贈り物でも、お望みどおりに差し上げます」（三四・一二）とまで言うのです。とても友好的な申し出です。力関係からすれば、一気に土地の人たちが寄留者であるヤコブたちを押さえつけることもできたかもしれません。しかしできるだけ平和にことを進めようといたします。

割礼を用いた罠

一方、ディナの兄たちは怒り心頭に達しています。しかし何食わぬ顔をしてこう言うのです。

「割礼を受けていない男に、妹を妻として与えることはできません。そのようなことは我々の恥とするところです。ただ、次の条件がかなえられれば、あなたたちに同意しましょう。それは、あなたたちの男性が皆、割礼を受けて我々と同じようになることです。」（三四・一四〜一五）

これは必ずしも間違ってはいません。しかしその背後にあるのは恐ろしい考えでした。友好的な態度を装い、もっともらしいことを語って、相手をだますのです。

割礼とは、神様が自分たちを特別な器として備えてくださるしるしでありました。しかしヤコブの息子たちは、その最も神聖なものを、自分たちの別の目的の道具にしてしまうのです。これほど神様を冒瀆することはないでしょう。

ハモルとその息子シケムは、この条件であれば受け入れてもよいと思いました。シケムの人々は、ヤコブたちの財産も、自分たちのものとしてシェアできると単純に考えたかもしれません。だとすれば、確かに軽率ではありますが、それが無知によるものであれば、まだ罪は軽いでしょう。

割礼とは、ヘブライ語の語源は「切り取る」という意味で、火打ち石のナイフで男性性器の包皮の一部を切り取る儀式です。通常は赤ちゃんか子どもの時になされますが、成人になってから受けることもあります。その傷が癒えるまで、数日間は歩くこともできず、じっとしていなければなりません。

虐殺、そして略奪

まさにそこを狙って、シメオンとレビが襲いかかります。

三日目になって、男たちがまだ傷の痛みに苦しんでいたとき、ヤコブの二人の息子、つまりディナの兄のシメオンとレビは、めいめい剣を取って難なく町に入り、男たちをことごとく殺した。ハモルと息子シケムも剣にかけて殺し、シケムの家からディナを連れ出した。
（三四・二五～二六）

大虐殺です。それだけではありません。

ヤコブの息子たちは、倒れている者たちに襲いかかり、更に町中を略奪した。自分たちの妹を汚したからである。そして、羊や牛やろばなど、町の中のものも野にあるものも奪い取り、家の中にあるものもみな奪い、女も子供もすべて捕虜にした。
（三四・二七～二九）

「自分たちの妹を汚したからである」とありますが、これは彼らの大義名分です。本当のねらいは復讐であると同時に略奪であったことが彼らの行動からわかります。

被害者不在

なんと卑劣な、しかも残忍きわまりない行為でしょうか。果たしてこんなことがあってよいのか。とても聖書とは思えない。しかもこれを行っているのは、神の約束の民の側であり、そこで犠牲になっているのは異教徒たちです。

みなさんの中には、神の言葉である聖書にどうしてこんなことまで記されているのかと思われる方もあるかもしれません。私もそういう気持ちです。しかしこれが世界の現実ではないでしょうか。

その実例はいくらでもあるでしょうが、ここ数年のことで言えば、南スーダンやシリアの内戦が思い浮かびます。そうした現代世界の現実を見るときに、聖書はこれと無関係ではないということを思います。聖書はこういう世界を知らないのではなく、こうした事態をも視野に入れている。その上で、神を礼拝するとはどういうことなのかと問いかけているように思うのです。

神様はどうしてシメオンやレビを裁かれないのかわかりませんが、この時の彼らの行為は、聖書の中でも決して肯定されているわけではないことが後でわかります（四九・

五～七参照）。

この時に、ヤコブは前面に出ず、息子たちに交渉させました。「お父さんの考えは甘い。おれたちに任せろ」と言われたのかもしれません。しかしここまでの事態になるとは、いくら人をだましたり出し抜いたりするのが上手なヤコブといえども、全く想定外のことでした。ヤコブはこれまで、人をだましたり出し抜いたりするやり方で生き抜いてきましたが、自分がこれまでやってきたことの果てにおいて、息子たちからしっぺ返しを受けたと取ることもできるでしょう。

彼はこう言いました。「困ったことをしてくれたものだ。わたしはこの土地に住むカナン人やペリジ人の憎まれ者になり、のけ者になってしまった。こちらは少人数なのだから、彼らが集まって攻撃してきたら、わたしも家族も滅ぼされてしまうではないか」（三四・三〇）。

この言葉からは、犠牲になった人を思いやる気持ちは感じられません。そして心配していた娘のディナが無事に連れ戻されたことを喜ぶ言葉もありません。どこまでも保身的な感じを受けます。

息子たちは、父に対し、「わたしたちの妹が娼婦のように扱われてもかまわないのですか」（三四・三一）と反論しますが、ディナは娼婦のように扱われたわけではありません。重く暗い気持ちにさせられます。

これを読んで私は、被害者が不在であると思いました。ここで被害を受けたディナ、襲われた町の人たちが全く無視されています。ディナの封印された声、「やめて！ 自分たちの争いに私を利用しないで」という叫びが聞こえてくるようです。私たちは、こうした物語から、声なき人の声をも聞きとっていかなければならないでしょう。

悪に対して悪を返さず

さらに今日においては、いかに平和的に共に歩んでいくかということを最優先して考えていかなければならないでしょう。聖書は、ヤコブの息子たちがこの時に取った行動とは正反対のことを勧めています。たとえば使徒パウロは、こう語りました。

だれに対しても悪に悪を返さず、すべての人の前で善を行うように心がけなさい。

（ローマ一二・一七）

「だれに対しても」です。「仲間、同胞に対しては」というのではありません。

「できれば、せめてあなたがたは、すべての人と平和に暮らしなさい」（ローマ一二・一八）。「すべての人と」です。「仲間、同胞とだけは」というのではありません。ヤコブの息子たちは、父に対して、「わたしたちの妹が娼婦のように扱われてもかまわないのですか」と詰め寄りました。しかしパウロは言います。

愛する人たち、自分で復讐せず、神の怒りに任せなさい。「『復讐はわたしのすること、わたしが報復する』と主は言われる」と書いてあります。（ローマ一二・一九）

それだけではありません。「『あなたの敵が飢えていたら食べさせ、渇いていたら飲ませよ。そうすれば、燃える炭火を彼の頭に積むことになる。』悪に負けることなく、善をもって悪に勝ちなさい」（ローマ一二・二〇〜二一、箴言二五・二一〜二二から引用）とまで言うのです。「燃える炭火を彼の頭に積む」という言葉の解釈は議論のあるところですが、敵に何らかの反省の機会を与えるということでしょう。これが聖書の勧める生き方です。文化・伝統などの違った人たちがぶつかり合うときに、どう接すればよいのか。どうやって共に生きていく道を探ればよいのか。聖書全体が語るメッセージに耳を傾けて、それに従って生きていきましょう。

（二〇一六年七月一〇日）

14 礼拝

創世記三五章一～一五節
ローマの信徒への手紙一二章一～二節

神がなされた約束のゆえに

ヤコブの一家は、シケムという町のそばに滞在しましたが、そこで娘のディナが強姦され、そこから兄のシメオンとレビがシケムの人々をだまして、虐殺と強奪をするという事件に発展します。ヤコブは、「困ったことをしてくれたものだ。わたしはこの土地に住むカナン人やペリジ人の憎まれ者になり、のけ者になってしまった。こちらは少人数なのだから、彼らが集まって攻撃してきたら、わたしも家族も滅ぼされてしまうではないか」（三四・三〇）と言って、なんとかその町を脱出します。どうしようもないこの事態から抜け出す道を示したのは、神の呼びかけでありました。

神は、ヤコブに言われた。「さあ、ベテルに上り、そこに住みなさい。そしてその地に、あなたが兄エサウを避けて逃げて行ったとき、あなたに現れた神のための祭壇を造りなさい。」　（三五・一）

もしもここでヤコブの一族がシケムの町の人々に襲われて、全滅したとしても、それは彼らの自業自得だということになったでしょう。しかし神様にしてみれば、アブラハムに対してなした約束、イサクに対してなした約束、そしてヤコブ自身に対してなした約束があります。「どんなことがあっても彼らを守り抜く」という約束、そして「彼らの子孫を、星のように、あるいは大地の砂粒のように増やす」という約束です。神はここで、父祖たちに対して、そしてヤコブに対してなした約束のゆえに、彼らをここで滅ぼすことはしないのです。その約束が、シメオンとレビのとんでもない行動によって反故にされてはならない。神様は、そうお考えになったのでしょう。その約束のゆえに、神様は彼らを守られるのです。

「ベテル」。なつかしい名前です。それは彼が兄エサウを避けて、野宿し、夢の中で神が出会ってくださった場所でした（二八・一九参照）。シケムのすぐ南です。ヤコブはそこまで戻ってきていたのでした。

シケム事件の教訓

この事件、彼らがとんでもない事件を起こした後、ベテルに移り住んだという事実は、二つのことを突き付けてきます。

第一に、それは、敵対する民族、町に対して憎しみをもち、その思いがつのって全滅させようと思っても、全滅させることはできないということです。そこで生き残った人々のうらみ、憎しみは消えるどころか、かえって増幅されていきます。彼らは復讐しようとするでしょうし、すぐにそれができない場合には、いつの日かその子どもたちが立ち上がって、報復行動に出てくるでしょう。私たちは、そういう現実を見据えていかなければならないのです。特に現代世界においてはそうです。

第二は、次のことです。ヤコブたちはその町からは逃亡するのですが、そのすぐ近くのベテルに住むことになります。結局、彼らはカナン地方から出ていくことにはならない。それはできないのです。カナン地方に住まざるを得ない。それは、神様からの約束の土地でありましたし、彼ら自身、もうほかに行く場所はありません。

そうすると、その異なった文化の中で、自分たちのアイデンティティーを守り貫きながら、その町の人々と共に生きていくよりほかありません。

もちろんすっかり同化していくというわけでもありません。彼らなりの信仰形態を守り抜き、その神を決して忘れることなく、アイデンティティーをもち続ける。異文化のただ中で生きるということは、この相反する課題を背負っていくことでもあります。

それは今日のパレスチナ問題を考えるときにも重要でしょう。二〇世紀前半にカナン地方へやってきたユダヤ人たちはユダヤ人の国家「イスラエル」を作り上げましたが、そこにはそれ以前から住んでいたパレスチナの人々がいました。移住してきたユダヤ人たちは、彼らとどのように共に生きていくかを考えていかなければならない。ユダヤ人たちは、そのパレスチナ人たちを追い出して自分たちの国を作ろうとしましたが、それは不可能なことでありました。決して彼らを排除し尽くす道はないし、ましてや殺すこともできないし、してはならないのです。そしてユダヤ人たち自身も、再び元いた場所、ロシアやドイツやポーランドへ戻ることはできません。共に生きていく新しい形を模索していくよりほかないのです。

このことはパレスチナ地域に限らず、世界中どこでも同じような課題が存在しています。

礼拝からの再出発

「さあ、これからベテルに上ろう。わたしはその地に、苦難の時わたしに答え、旅の間わたしと共にいてくださった神のために祭壇を造る。」

（三五・三）

ヤコブは、神様の言葉を聞き、その通りに実行します。ベテルは、彼の信仰の原点である場所です。神が「そこへ立ち帰れ、そしてそこで礼拝をし、新しく出発せよ」と命じられたのでした。

礼拝とは、単に表面上のこと、形式的なことではありません。真の悔い改めをし、自分自身を神様に献げる。それは先ほど読んでいただいたローマの信徒への手紙一二章冒頭にもある通りです。

こういうわけで、兄弟たち、神の憐れみによってあなたがたに勧めます。自分の体を神に喜ばれる聖なる生きるいけにえとして献げなさい。これこそ、あなたがたのなすべき礼拝です。

（ローマ一二・一）

ヤコブは、急いで子どもたちと共にシケムの町を立ち去りましたが、決して彼らが犯した虐殺や強奪を肯定したわけではありませんでした。その現れのひとつは、旅の途中で異教徒から得たもの、奪ったものはすべて取り去れ（置いて行け）、という命令でした（三五・二）。

パウロの言葉に即して言えば、「あなたがたはこの世に倣ってはなりません」（ローマ一二・二）という戒めに通じるものでしょう。「むしろ、心を新たにして自分を変えていただき、何が神の御心であるか、何が善いことで、神に喜ばれ、また完全なことであるかをわきまえるようになりなさい」（ローマ一二・二）。礼拝とは、まさにそれをすることだとパウロは言うのです。

彼が置いていかせたものの中には、ラケルが父ラバンのもとから奪い去った「守り神の像」もあったことでしょう（三一・一九参照）。彼はこれまでに得たもの、そういうものに一切頼らず、ただ神だけを頼りに新たな旅に出かけるのです。

かつてベテルで神はヤコブに向かって三つの約束をしました

「見よ、わたしはあなたと共にいる。あなたがどこへ行っても、わたしはあなたを守り、必ずこの土地に連れ帰る。わたしは、あなたに約束したことを果たすまで決して見捨てない。」

何と力強い約束であったことでしょうか。その二つ目の「あなたがどこへ行っても、わたしはあなたを守り、必ずこの土地に連れ帰る」という約束が、今果たされるのです。

（二八・一五）

放棄・断念

さて、ここでヤコブがしたことはまさに深い意味での「礼拝」ということですが、それはキリスト教会が最も大事な儀式としてきた「洗礼」に通じるものでもあります。

第一に、それは「放棄」「断念」と関係があります。彼らはここで、「持っていた外国のすべての神々と、着けていた耳飾りをヤコブに渡したので、ヤコブはそれらをシケムの近くにある樫の木の下に埋めた」（三五・四）とあります。古き自分との決別です。それまで頼りにしていたものを頼りとせず、まことの神にのみ頼って生きる決心をするのです。洗礼も、まさにそうした過去との決別が前提となります。古き自分に死ぬのです。

使徒パウロは、ローマの信徒への手紙六章の中で、こう語りました。

それともあなたがたは知らないのですか。キリスト・イエスに結ばれるために洗礼を受けたわたしたちが皆、またその死にあずかるために洗礼を受けたことを。わたしたちは洗礼によってキリストと共に葬られ、その死にあずかるものとなりました。
（ローマ六・三～四）

もちろん私たちは洗礼を受けた後も、さまざまなものを持ち続けますし、それらなしには生きていけないことも事実です。しかし神もまたそのことをご存知です。私たち以上にご存知です。すべてをご存知の神様に、すべてを委ねて生きる。

十戒で言えば、第一戒と第二戒です。「あなたには、わたしをおいてほかに神があってはならない。あなたはいかなる像も造ってはならない」。この戒めに生きるときに、その他のすべてのものが絶対ではないことを知り、必要なものはその神から必ず与えられることを信じることができるようになるのではないでしょうか。

衣服の取り換え

ここでヤコブのしたことと洗礼が関係する第二は、衣服を取り換えるということです。

古いものを脱ぎ捨てて新しいものを着る。ヤコブは「お前たちが身に着けている外国の神々を取り去り、身を清めて衣服を着替えなさい」（三五・二）と言いました。これは先ほどの古き自分、過去と決別するということとつながっています。

それを衣服の「脱ぎ着」という形で表されている。私たちは脱ぐだけでは裸で生きなければならなくなってしまう。そこで新たな衣をまとうのです。

あなたがたも、以前このようなことの中にいたときには、それに従って歩んでいました。今は、そのすべてを、すなわち、怒り、憤り、悪意、そしり、口から出る恥ずべき言葉を捨てなさい。互いにうそをついてはなりません。古い人をその行いと共に脱ぎ捨て、造り主の姿に倣う新しい人を身に着け、日々新たにされて、真の知識に達するのです。

（コロサイ三・七〜一〇）

またパウロは別のところでは、こういうふうにも述べています。「あなたがたは皆、信仰により、キリスト・イエスに結ばれて神の子なのです。洗礼を受けてキリストに結ばれたあなたがたは皆、キリストを着ているからです」（ガラテヤ三・二六〜二七）。洗礼を受けるということは、古き自分を脱ぎ捨てて新しい着物を着ることなのです。それが、今日の箇所と重なり合ってきます。

清め、新しい名前

第三に、それは清めと関係があります。「お前たちが身に着けている外国の神々を取り去り、身を清めて衣服を着替えなさい」(三五・二)。洗礼を受けることは、自分ではどうすることもできない罪、それをイエス・キリストが担ってくださって赦して、清めてくださるということでもあります。

新約聖書には洗礼者ヨハネの洗礼も出てきます。ヨハネの洗礼は罪の悔い改めのしるしでありました(マタイ三・一一他参照)。洗礼は、私たちの側から言えば、新しく生きる決心のしるしです。しかし、神様の側、イエス様の側から言えば、「それによってあなたを守る」「それによってあなたの罪を清める」「あなたにそのしるしをつける」ということです。

わたしたちの古い自分がキリストと共に十字架につけられたのは、罪に支配された体が滅ぼされ、もはや罪の奴隷にならないためであると知っています。死んだ者は、罪から解放されています。わたしたちは、キリストと共に死んだのなら、キリストと共に生きることにもなると信じます。（ローマ六・六〜八）

第四に、それは新たな名前が与えられるということと関係しています（三五・九）。ヤコブは、今「イスラエル」（神支配したもう）という祝福された名前が与えられます。これはかつて、ペヌエルでの格闘の際に、謎の相手からすでに受けていた名前ですが、彼は今、それを神ご自身から受け取り直すのです（三二・二九、一三四頁参照）。

プロテスタント教会では、通常、洗礼名の習慣はありませんが、カトリック教会では洗礼名が与えられます。もともとは、洗礼名というのは守護聖人の名前が与えられ、その聖人が自分を守ってくれるという考えと結びついていました。プロテスタント教会では、それは偶像のお守りに通じるということで、宗教改革者たちはしませんでした。しかし私は、新しい名前は新たにされることの象徴であり、洗礼名にはそれなりの意味があるのではないかと思っています。

時代の変わり目

創世記三五章は、三人の死について述べています。それはリベカの乳母デボラの死（三五・八）、ラケルの死（三五・一八）、そしてイサクの死（三五・二九）です。ヤコブの母リベカの死について、創世記は何も記していません。どうもこの時にはすでに亡くなっていたようです。その代わりのようにして、リベカの乳母の死についてだけ記されています。

リベカの乳母デボラが死に、ベテルの下手にある樫の木の下に葬られた。そこで、その名はアロン・バクト（嘆きの樫の木）と呼ばれるようになった。（三五・八）

そしてラケルとの別れの悲しみの中で、ベニヤミンという新しい生が誕生します。時代の節目に立っていることを思わされます。終わりの中に新しい始まりが含まれており、始まりの中である時代が終わっていきます。終わりは始まりのための備えであり、終わりは新たな始まりへと向かうのです。

（二〇一六年九月二五日）

15 歴　史

創世記三五章一六節〜三六章四三節
ヨハネによる福音書一六章二〇〜二二節

ラケルの死

創世記二五章から始まったヤコブ物語は一応ここで終わり、三七章からはヨセフ物語が始まります。ヤコブはそれ以降も、最後の五〇章にいたるまで登場しますが、それはヨセフの父親としてのヤコブと言えるでしょう。

三五章後半では、ラケルの死、ヤコブの息子たち、イサクの死について記され、三六章では、エサウの子孫、セイルの子孫、エドムの子孫について記されます。

はじめにラケルについて心を留めましょう。ラケルは、ヨセフが与えられたときに、「主がわたしにもう一人男の子を加えてくださいますように」と願い、それがヨセフという名前になりました（三〇・二四）。

彼女は、その願いどおりにもう一人男の子が与えられます。それは大変な難産であり、ラケルはそのお産によって命を落とすことになります。果たして彼女は、そこまでの犠牲を払わなければならないということを承知で願っていたでしょうか。
ラケルは死んでエフラタというところに葬られます（三五・一九）。これは後のベツレヘムに位置するところです。預言者エレミヤは、後に、その場所を指してこう述べました。

主はこう言われる。
ラマで声が聞こえる
苦悩に満ちて嘆き、泣く声が。
ラケルが息子たちのゆえに泣いている。
彼女は慰めを拒む
息子たちはもういないのだから。
（エレミヤ三一・一五）

このラマというのが、エフラタ、ベツレヘムと同じか、あるいはすぐ近くの場所でした。そこはバビロン捕囚の時に、主だった人がエルサレムからバビロンへ連れて行かれた通り道でした。そこで子どもたちを奪われた母親の泣き声を、ラケルの墓の中の声に重ね合わせたのでした。

さらにマタイ福音書二章一八節でもこのエレミヤの言葉が引用されます。イエス・キリスト誕生の時、ヘロデによる嬰児虐殺事件がありましたが、そこで子どもを失った母親の嘆きに重ね合わせたのでした。

苦しみを幸いに

死の間際、助産婦はラケルに向かって「心配ありません。今度も男の子です」と告げました。彼女は息を引き取ろうとするとき、その子に「ベン・オニ」（わたしの苦しみの子）と名付けます。しかしヤコブは、それを踏まえつつ、そのベクトルを全く逆にするように、「ベニヤミン」（幸いの子）と呼びました。「ベン」は息子、「アミン」右の手という意味です。右手が祝福を表すことから「幸いの子」という意味になるのです。

ヤコブにとってラケルの死は他の誰の死よりも深い悲しみと痛みをもたらすものであったことと思います。立ち直れないほどの衝撃を与えたかもしれません。この後に記される父親の死は、順番から言っても自然に神の計画を受けとめられたことでしょう。しかしラケルの死は違います。その死はあまりにも早く、あまりにも突然、やってきました。ヤコブはこの後、何十年も生きることになります。ヤコブは、ラケルが生んだ二人の息子たちに妻ラケルの面影を見たことでしょう。その一人目の息子ヨセフを溺愛しました。偏愛と言ってもよいかもしれません（三七・三等）。やがてそのヨセフもある日突然、姿を消した後は、ベニヤミンを溺愛しました（四二・三八等）。

ラケルとはそれほどの存在でした。しかしヤコブは、いつまでもラケルの思い出にしがみついているわけにはいきません。ラケルを葬った場所に記念碑を立て、そこから前へ進んで行きます（三五・二〇）。

ある意味では去っていく者のほうが楽かもしれません。のこされるほうは、その人ののこしたものも背負っていかなければなりません。そして前へと進んで行かなければなりません。

彼はその子の名前を「苦しみの子」から「幸いの子」へと呼び変えました。その子は確かにラケルの「苦しみの子」でした。しかしヤコブは、ラケルがのこした子どもを「苦しみの子」と呼び続けることはできなかった。そう呼び変えることによって、悲しみを乗り越えようとしたのではないでしょうか。それは決してやせがまんの言葉ではありません。神がそのように苦しみを喜びに変えてくださることを信じたのだと思います。

ここにヤコブの信仰があります。

生まれるに時があり、死ぬに時があるのです。出会うに時があり、別れるに時があるのです（コヘレト三・一～八参照）。ヤコブは、妻を失うという厳粛さの中で、神の時を受け入れていったのではないでしょうか。別れは、どんな別れであっても悲しいもの、寂しいものです。しかし神様はその悲しみ、寂しさの中に私たちを放り出されません。新しいドラマを必ず用意してくださいます。そこから新たな喜びが始まっていきます。ベニヤミンはまさに、将来を約束するしるしでした。

イエス・キリストは自分が去っていこうとするとき、弟子たちに言われました。

「今はあなたがたも、悲しんでいる。しかし、わたしは再びあなたがたと会い、あなたがたは心から喜ぶことになる。その喜びをあなたがたから奪い去る者はいない。」

（ヨハネ一六・二二）

またパウロはこう語りました。

そればかりでなく、苦難をも誇りとします。わたしたちは知っているのです。苦難は忍耐を、忍耐は練達を、練達は希望を生むということを。希望はわたしたちを欺くことがありません。わたしたちに与えられた聖霊によって、神の愛がわたしたちの心に注がれているからです。（ローマ五・三～五）

イサクの死

ラケルの死に続いて、イサクの死について記されます。

ヤコブは、キルヤト・アルバ、すなわちヘブロンのマムレにいる父イサクのところへ行った。そこは、イサクだけでなく、アブラハムも滞在していた所である。イサクの生涯は百八十年であった。（三五・二七～二八）

イサクはアブラハムほど偉大ではなかったかもしれませんし、ヤコブほど波乱万丈の人生を送ったわけではなかったかもしれませんが、長生きの満ち足りた、幸いな人生を送りました。そして父アブラハムと同じ墓、ヘブロンのマクペラの洞穴に葬られました。それはかつてアブラハムが妻サラをなくしたときに、購入したところでありました。

イサクは息を引き取り、高齢のうちに満ち足りて死に、先祖の列に加えられた。息子のエサウとヤコブが彼を葬った。（三五・二九）

息子二人がそろって、父を葬ったことは、意義深いことです。また名前の順序がエサウ、ヤコブとなっていることも印象的です。選びの器が元へ戻ったわけではありません。依然としてヤコブのままです。父はここで改めて息子たちを祝福したとも書いてありません。しかし兄は兄でそれなりの敬意をもって記されるのです。そして二人の息子の間で和解が成り立っていることを、この短い言葉は示しています。二人は一旦別れました。エサウの「一緒に住もう」という勧めを、ヤコブが断った形でした（三三・一六～一七）。それが真の和解か、一時休戦かわからないままでしたが、ここでそれはやはり和解であったということがはっきりと示されるのです。

「悩みの種」から

イサクにとってエサウの行動は大きな悩みでありました。二六章の終わりに、「エサウは四〇歳のときヘト人ベエリの娘ユディトとヘト人エロンの娘バセマトを妻として迎えた。彼女たちはイサクとリベカにとって悩みの種となった」とありました。外国の異なる習慣を家庭の中にももちこんだのでしょう。それはもともとアブラハムがイサクの妻を探すのに一番問題にした点でもありましたが、エサウは安易にそれを無視しました。やがてヤコブが家を出て行くときに、「カナンの娘の中から妻を迎えてはいけない」と注意を与えます。エサウはそれを聞いていて、「自分の妻たちは気に入られていないのか」ということで、イシュマエル（イサクの異母兄弟）の娘マハラトを三人目の妻にしたのでした。この時代の習慣であった一夫多妻制について、女性の視点から物語を見直す必要があるかもしれませんが、一応そのままにしておきます。ヤコブがよく言えば慎重な人間、悪く言えば臆病な人間であったのに対し、エサウは、悪く言えば軽率で単純、よく言えば正直で裏のない人間であったと思います。

そのようなエサウの行動は、イサクやリベカには悩みの種でしたが、神様はそのエサウをも用いられたと言えるかと思います。つまりこのエサウの行動がアブラハムの子孫に広がりをもたせる結果となりました。

選びの本流はヤコブを通じて継承されていきます。その系譜の中からダビデが登場し、そしてその系譜の中からイエス・キリストが誕生します。しかしそれは一本の糸だけを縦軸にたどっていったものです。実はその他にも、ここには登場しない子どもたちの系譜が広がっていったということを忘れてはならないでしょう。アブラハムに告げられた祝福の約束（一二・二〜三）は、イサクからヤコブへと至る系譜だけではなく、傍流と思わる系譜、つまり息子イシュマエルの子孫たち、そしてエサウの子孫たちをも含んでいるのです。

ラテンアメリカの人種混合

私は、エサウの、いわば節操のないように見える行動は、イサクやリベカには悩みであったが、神様はそのエサウをも用いられた、つまりこのエサウの行動がアブラハムの子孫に広がりをもたせる結果となったと申し上げました。

それと少し似たようなことが、ラテンアメリカの歴史にもありました。ラテンアメリカには北アメリカほどの人種差別はないと言われます。もちろんあるにはあるのですが、北アメリカほどではない。ラテンアメリカで深刻なのは階級差別、つまりお金持ちと貧しい人の間の差別です。では、なぜ人種差別が少ないのか。それは誰が白人で、誰が黒人であるか区別できないほどに人種が混ざり合っているからです。ほとんどが混血です。ブラジルではモレーノ（褐色の）と呼ばれます。この人は白人、この人は黒人というふうに区別できないのです。メキシコあたりでは、黒人と白人の混血はムラートと呼ばれ、インディオと白人の混血はメスティソと呼ばれます。なぜそんなに人種混合が進んだのかと言えば、スペイン、ポルトガルから来たファゼンデイロ（農場主、移住者）は、平気で、多くの黒人やインディオの女奴隷と、結婚もせずに無節操にセックスをしたからです。北アメリカでも白人男性と黒人女性の奴隷との間に婚外の混血の子どもが生まれることはありましたが、基本的にはピューリタンの厳格な信仰のもと、それは罪とされ、隠蔽されていました。しかしラテンの人にはそういう意識すらないのかもしれません。それは決してよいこととは言えませんが、そのようなラテンのいい加減さがラテンアメリカの人種差別軽減に貢献しているとすれば、歴史の皮肉と言うか、神様はそのいい加減さをも用いられるのかなと思います。

エサウの子孫

創世記の三六章には、エサウの子孫が詳しく書かれています。私たちはそれを細かく知ることはできませんが、エサウの系図がここに挙げられていることそのものが大きな意味をもっています。エサウの子孫もまた祝福から洩れていないということです。それは民族的に言えば、ヤコブの子孫よりもはるかに大きな広がりをもつものです。

今後、聖書の物語はヤコブの子孫という本流で進んで行きます。しかし、人間のドラマ、そして神と人間のドラマということで言えば、それと並んで無数の物語が存在したことを暗示しています。この三六章は、聖書の本流以外の無数の物語が存在したし、今も存在する、神は聖書の選びの民に排他的にかかわられるのではない、ということを思い起こさせてくれます。イエス・キリストの言葉で言えば、「わたしには、この囲いに入っていないほかの羊もいる。その羊をも導かなければならない」（ヨハネ一〇・一六）ということです。そしてそれらの羊のためにも、イエス・キリストは命を捨てられたのです（ヨハネ一〇・一五参照）。

神と人間の無数のドラマ

私は、これまで多くの人と接してきました。しかしその中で親しく交わることができたのはほんのわずかの人々です。皆さんもそうでしょう。

私は、旅行した町、特に外国の町で、ふとたたずみ、ここにも、つまり私の人生と全く接点のない所にもドラマがあり、そこでも神様はその町に生きる人々の人生を導かれるのだと想像し、感慨深く思うことがあります。そしてあたり前のようなことですが、自分の生きている世界、知っている世界がいかに小さな部分にすぎないか、神の世界がいかに壮大であるかを思うのです。

三六章はそういうことに関係しています。ヤコブの本流の外にも神の祝福、庇護が働いている。いわゆる選びの系譜だけではない。ユダヤ教、キリスト教だけではありません。聖書の祝福はそれを超える世界にまで延びているのです。私たちは、自分の視野に入らない所にまで神様の祝福は広がっていることを心に留めるべきでしょう。また私たちは、イエス・キリストの祝福を囲いの中に限ることはできないということも、心に留めなければなりません。

神様の計画の不思議さを思います。「それでもなお、神のなさる業を始めから終りまで見極めることは許されていない」（コヘレト三・一一）のです。

（二〇一六年一〇月三〇日）

引用・参考文献

『聖書　新共同訳』日本聖書協会、一九八七年
ウォルター・ブルッグマン『現代聖書注解　創世記』向井考史訳、日本キリスト教団出版局、一九九八年
ゲルハルト・フォン・ラート『ＡＴＤ旧約聖書註解一　創世記』山我哲雄訳、ＡＴＤ／ＮＴＤ聖書註解刊行会、一九九三年
『説教者のための聖書講解』第二五号、日本キリスト教団出版局、一九七八年
『創世記　聖書共同研究』日本基督教団出版局、一九七〇年
小倉和三郎『創世記ものがたり』キリスト新聞社、二〇一〇年
松本敏之『神に導かれる人生――創世記12～25章による説教』キリスト新聞社、二〇一二年
矢内原忠雄『聖書講義Ｖ　創世記』岩波書店、一九七八年
ヴァルター・リュティ『ヤコブ』宍戸達訳、新教出版社、二〇〇八年
渡辺信夫『イサクの神、ヤコブの神　創世記講解説教』新教出版社、二〇一〇年
水野隆一「族長物語を読む　文芸批評的アプローチ」第38～54回（「福音と世界」二〇〇三年一〇月号～二〇〇五年三月号、新教出版社）

創世記35:16–36:43

『新約聖書』柳生直行訳、新教出版社、一九九六年
『聖書　原文校訂による口語訳』フランシスコ会聖書研究所訳注、サンパウロ、二〇一一年
〈旧約聖書1〉『創世記』月本昭男訳、岩波書店、一九九七年
『聖書　口語訳』日本聖書協会、一九五四年、一九五五年
『讃美歌21』日本キリスト教団出版局、一九九七年

あとがき

本書は、『神の美しい世界』（一～一一章、天地創造からバベルの塔まで）、『神に導かれる人生』（一二～二五章前半、アブラハム物語）に続く創世記説教集第三巻です。内容としては、二五章後半から三六章のいわゆるヤコブ物語を扱っています（二六章のみイサク物語）。ヤコブは最初、自己中心的で、しかも自立心のない人間でしたが、神の長い、厳しい試練を経て、神の選びにふさわしい器へと変えられていきます。最初の説教で述べたように（七～八頁参照）、ヤコブ物語には、人間的な駆け引きの多い俗っぽい話が多いのですが、神はそうした人間の思いや行動をも用いてご自分の計画を遂行されるという全体のメッセージが浮かび上がってきます。人間的なドラマが、気が付いてみると神のドラマになっているのです。そうしたことを思い、『神と人間のドラマ』という書名にしました。

ここに収めた説教は、鹿児島加治屋町教会に就任した二〇一五年四月からほぼひと月に一度のペースで行ってきた礼拝説教に、若干の手を加えたものです。第一巻、第二巻は、東京の経堂緑岡教会での礼拝説教でした。経堂緑岡教会でも創世記の続きの箇所による説教を行いましたが、鹿児島へ異動することになり、説教集にはいたりませんでした。しかし鹿児島加治屋町教会で改めて語り直す機会が与えられ、より入念に準備ができたのは幸いなことであったと思います。礼拝では、引き続きヨセフ物語の説教を行っていますので、いつの日か第四巻として出版できればと願っています。

表紙の写真は、インド最北部の高地、ヒマラヤ山脈とカラコルム山脈に挟まれたジャム・カシミール地方で、写真家桃井和馬さんが撮影したものです。ちなみに高級毛織物「カシミア」は、この地方で飼われていたカシミアヤギの毛から取られた名称です。白い羊、黒い羊、茶色の羊、まだらの羊が群れをなしている情景は、まさにヤコブ物語にふさわしいものです（九二〜九四頁、創世記三〇・三一〜四三節参照）。貴重な写真を提供してくださった桃井さんに感謝します。

また今回も、旧約学者の小友聡さんが神学上、釈義上のチェックをしてくださり、山田泉さんが、編集の経験を生かして、文言や表現の修正案を出してくださいました。ありがとうございました。本の完成まで尽力してくださったキリスト新聞社の金子和人さん、富張唯さんにも感謝します。

この書物は、礼拝説教に耳を傾け、牧師と共に歩んでくださる鹿児島加治屋町教会の方々に捧げます。

二〇一七年八月三一日　鹿児島・加治屋町にて

松本　敏之

松本敏之（まつもと・としゆき）
日本キリスト教団鹿児島加治屋町教会牧師。学校法人鹿児島敬愛学園敬愛幼稚園園長。
1958年、兵庫県姫路市に生まれる。立教大学文学部キリスト教学科卒業、東京神学大学大学院修士課程修了、ニューヨーク・ユニオン神学大学院STMコース修了。
日本キリスト教団阿佐ヶ谷教会伝道師、サンパウロ福音教会牧師、ブラジル・アルト・ダ・ボンダーデ・メソジスト教会牧師、弓町本郷教会副牧師、経堂緑岡教会牧師を経て、2015年より現職。
著　書『神の美しい世界——創世記1〜11章による説教』、『神に導かれる人生——創世記12〜25章による説教』（以上、キリスト新聞社）。『マタイ福音書を読もう』全3巻（日本キリスト教団出版局）。
監修・共著『牧師とは何か』、『そうか! なるほど!! キリスト教』（以上、日本キリスト教団出版局）。

装丁：長尾　優
カバー写真：桃井和馬
編集・DTP制作：山﨑博之

神と人間のドラマ——創世記25〜36章による説教

2017年10月25日　第1版第1刷発行

著　者　松　本　敏　之
発行所　キリスト新聞社
〒162-0814 東京都新宿区新小川町 9-1
電話 03（5579）2432
URL. http://www.kirishin.com
E-Mail. support@kirishin.com
印刷所　協友印刷

ISBN 978-4-87395-733-3 C0016（日キ販）　Printed in Japan

キリスト新聞社

現代の私たちは、創世記から何を学び、
そしていかに生きていくのか！

神の美しい世界

創世記1～11章による説教

松本敏之 著

2007年のペンテコステから2年間にわたって、日本キリスト教団経堂緑岡教会の主日礼拝において語られた創世記説教の第1巻。

四六判　266頁　1,800円

現代を生きる私たちの人生ドラマにも重なる、
アブラハム物語！

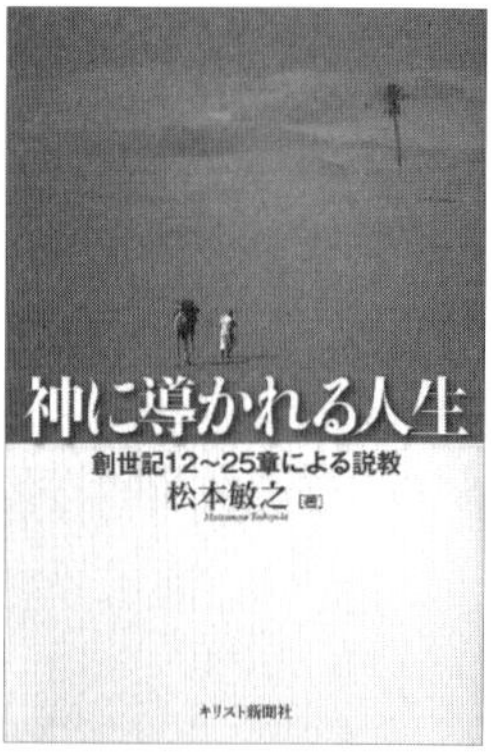

神に導かれる人生

創世記12～25章による説教

松本敏之 著

2009年6月から2年間にわたって、日本キリスト教団経堂緑岡教会の主日礼拝において語られた創世記説教の第2巻。

四六判　268頁　1,800円

重版の際に定価が変わることがあります。価格は税別。